Marc A. Palmer

Guía para principiantes de la aplicación Obsidian para tomar notas y Second Brain

Todo lo que necesitas saber sobre el software de Obsidian, con más de 70 capturas de pantalla como guía

Índice

Prólogo 7
Introducción 9
   ¿Qué es Obsidian? 10
   ¿Por qué Markdown? 12
   Por qué utilizar Obsidian App 13
   Sincronización Obsidian 14
   Aplicaciones móviles 15
Primeros pasos 16
   Interfaz 19
      Barra de herramientas 20
      Sección Archivos/Carpeta 20
      Documento activo 20
      Lista de enlaces 20
      Panel de control izquierdo (arriba a la izquierda) 22
      Ajustes 30
      Plug-ins básicos importantes para Obsidian 38
      Cómo asignar nombres a las notas con el complemento del núcleo del prefijador del cuadro de notas en Obsidian 42
   Atajos / Formato básico 47
      Convertir a modo lectura 47
      Paleta de comandos 47
      Crear nueva nota 48
      Cerrar ventana 48
      Pasar de una nota a otra 48
      Crear nuevos enlaces internos 48
      Numeración o viñetas al crear una lista 48
      Para las rúbricas 48
      Cambiar el tipo de letra en Obsidian 48
      Añadir notas a pie de página 49
      Crear mesa en Obsidian 50
      Para los textos en negrita 50

- Oferta 50
- División horizontal de líneas 50
- Hiperenlace 51
- Vista gráfica 51
- Abre Quick Switcher (explorador de archivos) 51
- Cambiar entre modo edición y modo vista 51
- Texto tachado 51
- Resaltar texto 51
- Texto subrayado 51
- Bloques de códigos 52
- Añadir la lista de control 52
- Selección de un tema 53
- Configure sus carpetas 54
- Cree su primera nota 55
- Organizar las notas 60
- Para buscar texto en una nota 61
  - Utilizar datos de notas para la búsqueda rápida 62
  - Búsqueda de notas con etiquetas 63
  - Buscar tareas pendientes 64
- Estilos comunes de Obsidian 66
  - Modo editor 66
  - Modo de investigación 68
  - Escritor limpio 68
  - Modo A/B 69

Edición de texto 70

Visión dividida 72

¿Por qué es importante una visión compartida? 73

Cómo importar archivos 74

Importar imágenes 74

- Arrastre la imagen a la interfaz de notas 74
- Utilizar la sintaxis Markdown 75

Importación de audio y vídeo 75

  Importar PDF 76

Gráfico de conocimientos 77

  Detalles de la vista gráfica 79

  Perforación 80

  Filtros 80

  Filtros comunes 81

    Buscar en 81

    Interruptores estándar 81

    Extras gráficos globales 82

    Extras del gráfico local 82

    Enlaces externos e internos 82

    Enlaces 82

    Mostrar 82

    Fuerzas 83

Uso de YAML en tu aplicación Obsidian 84

¿Cómo puedo incrustar páginas en Obsidian? 85

Consultas y búsquedas 86

Enlaces, etiquetas y backlinks 87

  Enlaces internos 87

  Enlaces de retroceso 89

  Etiquetas 91

Escanear documentos en Obsidian 92

  Paso 1: Personalizar la configuración 92

  Paso 2: Guardar 93

  Paso 3: Seleccionar opciones de archivo 94

  Paso 4: Tomar notas en el archivo PDF 95

Cómo guardar tus ideas y notas en Obsidian 96

  Asegurar el acceso físico de datos a Obsidian 96

  Garantizar el acceso de los datos digitales a Obsidian 97

  Codificación de los datos 98

    Sincronización de notas y seguridad en la nube 99

  Cómo hacer una copia de seguridad de Obsidian en dispositivos móviles 100

    Consejos de seguridad adicionales 100
Buenas prácticas 102
    Grabar a menudo 102
    Revisión meticulosa 102
Conclusión 103

Prólogo

Soy economista de profesión. Como tal, siempre tengo que estar informado sobre los últimos acontecimientos de la economía. Esto me ha dado el deseo de ser capaz de leer, aprender y comprender la información que me llega cada día de una manera significativa <u>que añada valor</u>.

También me interesan mucho los temas más diversos de mi vida privada y me gustaría tener mis notas sobre estos temas respaldadas de forma organizada, y poder trabajar con ellas.

Mucha de la información que leo cada día también da lugar a nuevas ideas. También quiero ser capaz de recopilarlas, enlazarlas y procesarlas. Este no es el primer libro que escribo. De ideas anteriores ya han surgido muchas cosas.

Me refería a la vinculación: Esta es la ingeniosa individualidad que ofrece Obsidian. Obsidian permite enlazar ideas, notas, palabras, etc. de una forma relativamente sencilla. Lo que es aún más ingenioso es que Obsidian hace esto por sí mismo y por lo tanto crea su propia red de pensamientos. Igual que un cerebro.

Para mí, esta es la mayor ventaja de Obsidian. Hay otras, como el uso de Markdown, por lo que la transferencia de datos también está garantizada para el futuro y la posibilidad de mantener los datos absolutamente seguros localmente.

A lo largo del libro reconocerá otras ventajas.

¡Que te diviertas y tengas éxito con mi introducción a Obsidian!

Introducción

Necesitas algo más que un bloc de notas para anotar ideas y pensamientos. Necesitas un sistema que te ayude a unir esas ideas para crear pensamientos altamente comprensibles y racionales, igual que hace nuestro cerebro.

Afortunadamente, todos nos encontramos en un punto del desarrollo tecnológico en el que existen opciones tecnológicas para conectar nuestras ideas, ya sea en equipo o por nuestra cuenta. Este concepto es el motor del desarrollo de Obsidian. Con Obsidian se ha creado un sistema flexible de gestión de notas para uso privado y comercial.

Actualmente existen muchos programas para crear notas, y probablemente ya estés utilizando alguno. Tal vez utilices OneNote, una aplicación para tomar notas en tu iPhone, una aplicación para hacer tareas, Evernote, Simplenote, Notion o cualquier otra.

Entonces, ¿por qué le merece la pena migrar a Obsidian (o empezar a hacerlo)?

¿No es una de las aplicaciones habituales para tomar notas?

¿Por qué es mejor? ¿Cuáles son las ventajas y por qué debería importarte?

Como veremos en este libro, hay muchas características que diferencian claramente a Obsidian de otras aplicaciones para tomar notas. Pero antes de continuar, primero tenemos que entender lo que Obsidian es y lo que lo hace diferente.

¿Qué es Obsidian?

Obsidian es una aplicación de gestión del conocimiento única y extremadamente eficaz. Está construida como un "segundo cerebro", un lector de archivos basado en Markdown con etiquetas, plug-ins y backlinks que pueden vincularse a todos los archivos relevantes en una carpeta o bóveda específica ("vault") para que los usuarios puedan escribir, editar y vincular sus notas entre sí. Las notas se almacenan de forma local y remota (si se desea) a través de iCloud, GitHub, Google Drive y otros.

Markdown es un lenguaje de grabación sencillo que funciona independientemente del sistema. El principio es que los caracteres "normales" se utilizan para generar comandos. Por ejemplo, **negrita** se convierte en **negrita** (es decir, la palabra en negrita, generada por los asteriscos). Pero hablaremos de esto más adelante.

Obsidian, lanzada en 2020 por Erica Xu y Shida Li, reduce el riesgo de perder ideas y notas y te protege de problemas de compatibilidad y pérdida de datos en un futuro previsible, de forma gratuita.

El programa es gratuito para uso personal.

Al hacerse gratuito para uso personal, Obsidian ha eliminado el problema de la experimentación. Además, no tienes que inscribirte ni registrarte para nada. Esto significa que su información personal no puede ser compartida o vendida sin su consentimiento.

Como se mencionó anteriormente, Obsidian utiliza archivos Markdown en lugar de los formatos tradicionales de notas, que tiene la gran ventaja de futuro a prueba de toda idea personal. Sus notas pueden ser transferidos a otro editor, y usted puede fácilmente buscar y abrir en texto sin formato. Si cambia de Windows a Mac o Linux, no hay problemas.

Esta aplicación te permite crear una wiki personal, algo que diferencia a Obsidian de los sistemas tradicionales de toma de notas. Esta potente herramienta es adecuada para toda una serie de campos profesionales y es absolutamente imprescindible para cualquiera que se tome en serio la gestión del conocimiento. Incluso si eres estudiante, escritor profesional, bloguero, diseñador, programador o investigador, es una excelente opción, ya que ofrece total flexibilidad y opciones de personalización para la toma de notas sin necesidad de una cuota de suscripción mensual.

Como herramienta para tomar notas en red, funciona según el principio de conexión bidireccional (backlink), lo que facilita increíblemente la toma de notas. La toma de notas en red se basa en la premisa, respaldada científicamente, de que las ideas creativas surgen cuando se registran y tienen la libertad de desarrollarse libremente en un contexto de red.

Obsidian simula la búsqueda del cerebro de vínculos arbitrarios entre recuerdos almacenados. Sin embargo, al crear un concepto, cada nota se trata como una memoria de pensamiento independiente y luego se vincula a otros pensamientos relacionados. Debido a que Obsidian es capaz de generar conexiones altamente rastreables, puede ayudarte a reconocer patrones en tus notas, haciendo que sea fácil ver cómo algunas de tus notas se relacionan entre sí de manera inesperada gracias a estos patrones. Habrás creado un "segundo cerebro" muy eficaz con facilidad.

Tus notas Obsidian se almacenan localmente en tu Mac o PC con Windows. Pocas personas se dan cuenta de las implicaciones del almacenamiento en la nube, los flujos de trabajo basados en aplicaciones móviles y el ecosistema web que se está volviendo cada vez más popular. Y eso no es bueno, especialmente en lo que se refiere a información sensible como ideas conceptuales, prototipos, etc.

Puedes instalar tu aplicación Obsidian en Mac, Windows y Linux como aplicación de escritorio o descargarla para el entorno iOS o Android.

Obsidian tiene actualmente una comunidad de alrededor de 70.000 miembros activos en Discord y 35.000 en el foro en todo el mundo. Así que es fácil obtener respuestas a cualquier pregunta que puedas tener. La mejor parte es que usted no tiene restricciones de idioma como la aplicación Obsidian está traducido a unos 22 idiomas con más traducciones próximamente. Así que puedes construir una gran comunidad de personas con ideas afines.

¿Por qué Markdown?

El concepto de trabajo Markdown en Obsidian facilita la escritura de código sin salir de su contexto como aplicación para tomar notas. Pero, ¿el hecho de que sea una aplicación basada en Markdown la convierte en una opción privilegiada? ¿Por qué debería siquiera considerarlo? He aquí algunas de las razones por las que vale la pena probar Markdown:

- Sencillo y fácil de usar
- Salva la distancia entre la codificación y el texto sin formato
- Con Markdown puedes tomar notas rápidamente y escribir algo de código
- Utilice encabezados, casillas de verificación, tablas, listas y enlaces web con una sintaxis sencilla.

Por qué utilizar Obsidian App

¿Cuáles son otras razones para utilizar Obsidian? Incluso si usted probablemente ya está convencido - después de todo, usted compró este libro - Voy a enumerar otras ventajas de Obsidian a continuación.

- Compatibilidad con una amplia gama de plataformas
- Gratuito e inmediato
- Fantástica herramienta para, por ejemplo, escritores que necesitan centrarse en un número modesto de palabras.
- Añada y muestre archivos como imágenes, PDF y archivos de audio con facilidad
- Mostrar las relaciones entre notas y objetos en la vista de diagrama
- Referencia a la nota actual en otras notas
- Comunidad activa siempre dispuesta a ayudar

Sincronización Obsidian

Obsidian ofrece una opción de pago, Premium Sync cifrada que mantiene sincronizados automáticamente los archivos de los dispositivos móviles. Sin embargo, Premium Obsidian Sync no es necesario utilizar la herramienta, es la opción más completa para sincronizar bóvedas a través de escritorio y dispositivos móviles. Hay una cuota anual para uso comercial, y un nivel "Catalizador" también se ofrece para los entusiastas de Obsidian para apoyar al equipo y obtener acceso temprano a las nuevas características. Sin embargo, no tienes que pagar nada si lo utilizas para tomar notas y para tu creatividad.

Por cierto, existen alternativas gratuitas si la sincronización es importante para ti pero no quieres pagar nada. Estas se basan esencialmente en guardar el archivo con las notas, la bóveda (no el programa en sí) en una nube (por ejemplo, iCloud) y luego acceder a ella con los distintos dispositivos. Puedes encontrar instrucciones sobre cómo hacerlo en el foro de Obsidian.

Aplicaciones móviles

Como se ha mencionado, Obsidian también ofrece aplicaciones móviles que están disponibles para iOS y Android, para que pueda acceder a su sistema de gestión del conocimiento, incluso si usted no tiene acceso a su ordenador. La versión para iOS funciona tanto en iPhone como en iPad.

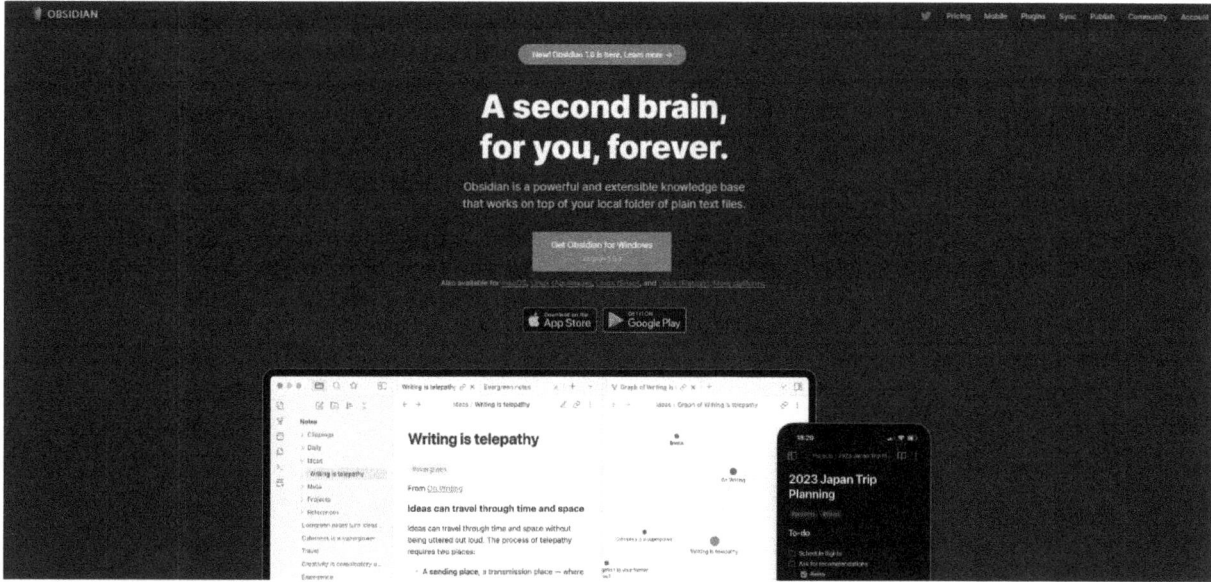

Sin embargo, la razón principal para compilar esta guía para principiantes es proporcionar instrucciones detalladas paso a paso sobre cómo utilizar Obsidian para una productividad óptima. Ahora que sabes lo que Obsidian es y lo que puede esperar, vamos a empezar con lo básico.

Primeros pasos

Aunque el uso de Obsidian puede parecer desalentador al principio, no es ciencia espacial y puede entenderse con poco esfuerzo. Siguiendo los procesos descritos en esta guía, podrás utilizar cómodamente la aplicación para facilitar tu vida personal y profesional y aumentar tu productividad. Así que antes de empezar con los detalles, lo primero que tienes que hacer es descargar, instalar y poner en marcha una versión compatible con tu sistema operativo (Windows, Linux o Mac). Lo mejor es que también puedes utilizar Obsidian en tu teléfono móvil. Visita el sitio web de Obsidian https://obsidian.md para descargar y ejecutar la versión que te corresponda. Una vez completada la instalación, verás la siguiente pantalla:

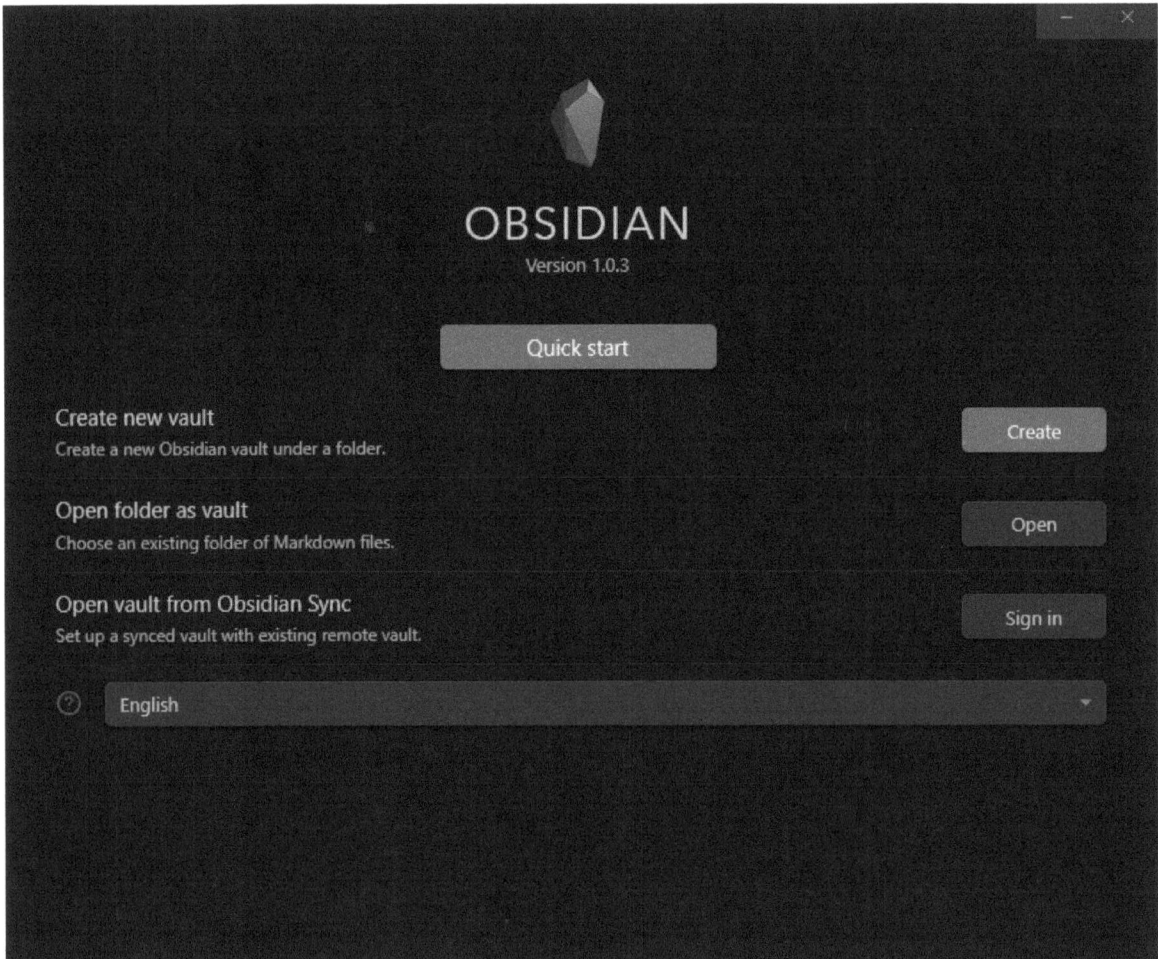

Tras la instalación, debes crear una bóveda. Se trata de una carpeta en la que se almacenan tus notas en el sistema de archivos local; también puede estar vinculada a **Dropbox**. Tus notas pueden almacenarse en bóvedas separadas o en una única bóveda.

A continuación, selecciona "Crear nueva bóveda" y sigue las instrucciones, que te redirigirán a la ubicación de almacenamiento en el ordenador, y luego selecciona la ubicación de almacenamiento para las notas.

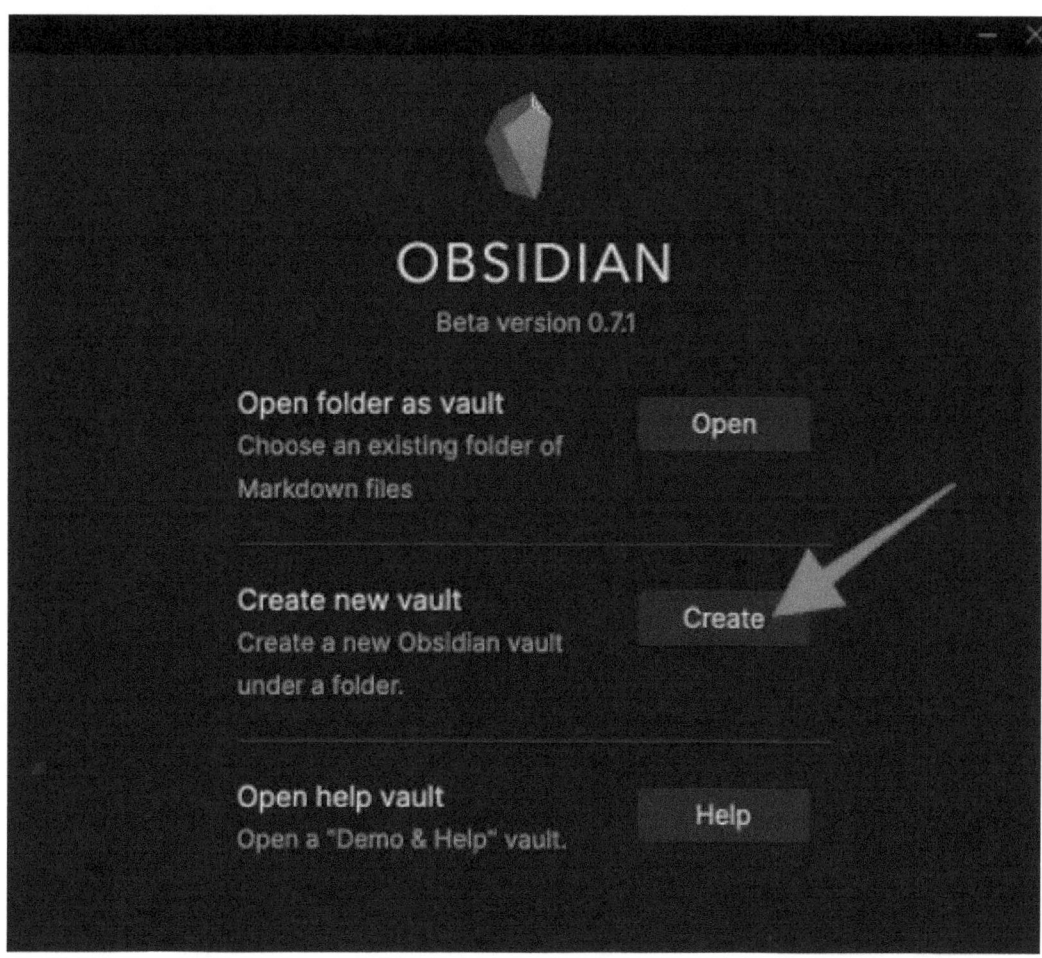

Cambie el nombre de la caja fuerte si lo desea y haga clic en **Crear**.

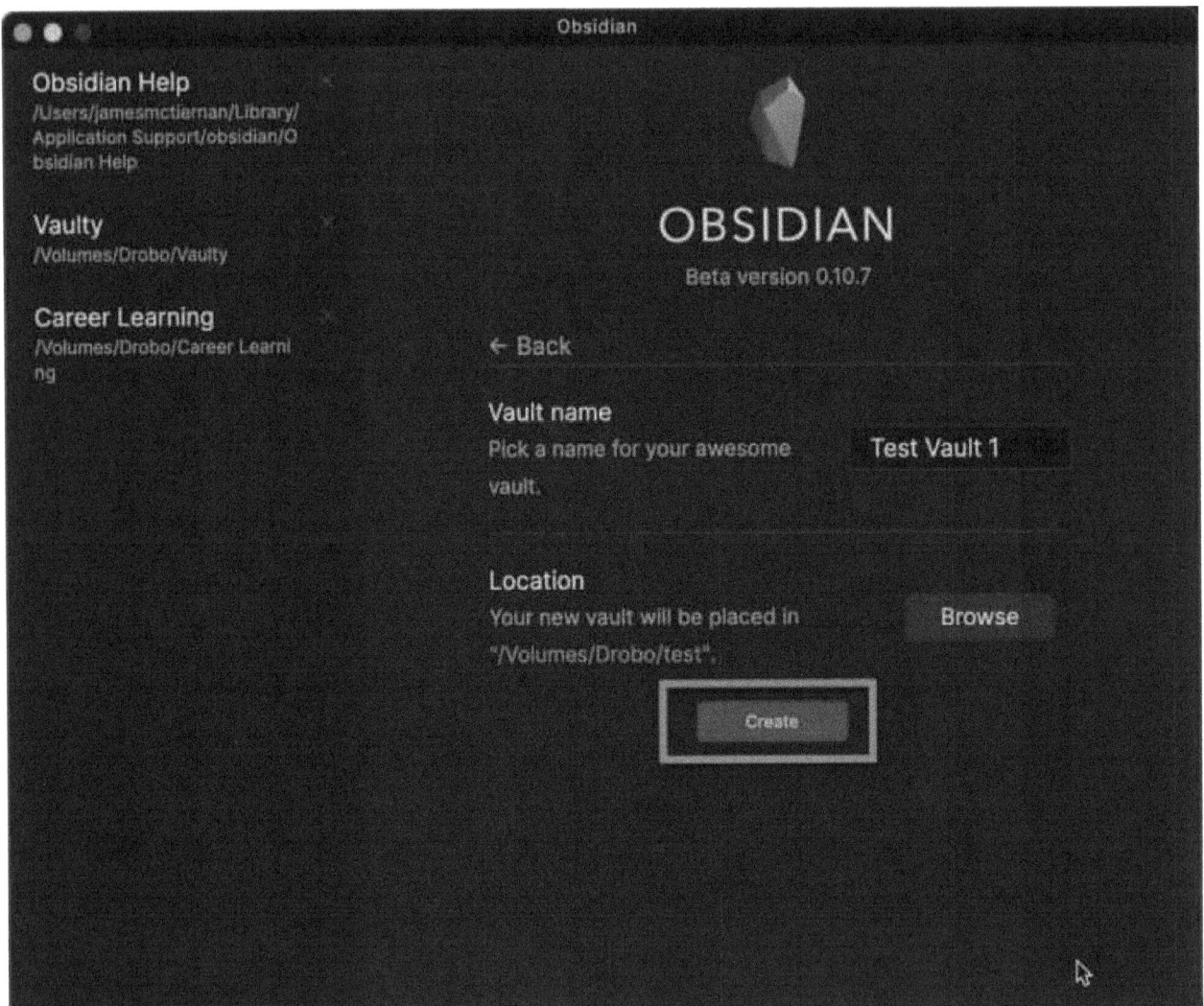

Una vez hecho esto, ya está listo.

A continuación, debe familiarizarse con la interfaz de usuario de Obsidian y saber cómo orientarse, para qué sirven cada una de las ventanas y secciones y qué accesos directos están disponibles.

Interfaz

La siguiente ilustración muestra el aspecto que tendrá tu interfaz de usuario de Obsidian tras la instalación y la creación de tu bóveda maestra; puedes empezar por aquí. El panel izquierdo detalla los comandos que puedes utilizar para navegar fácilmente por Obsidian. Verás los archivos, el panel de carpetas y el área para crear tu primera nota.

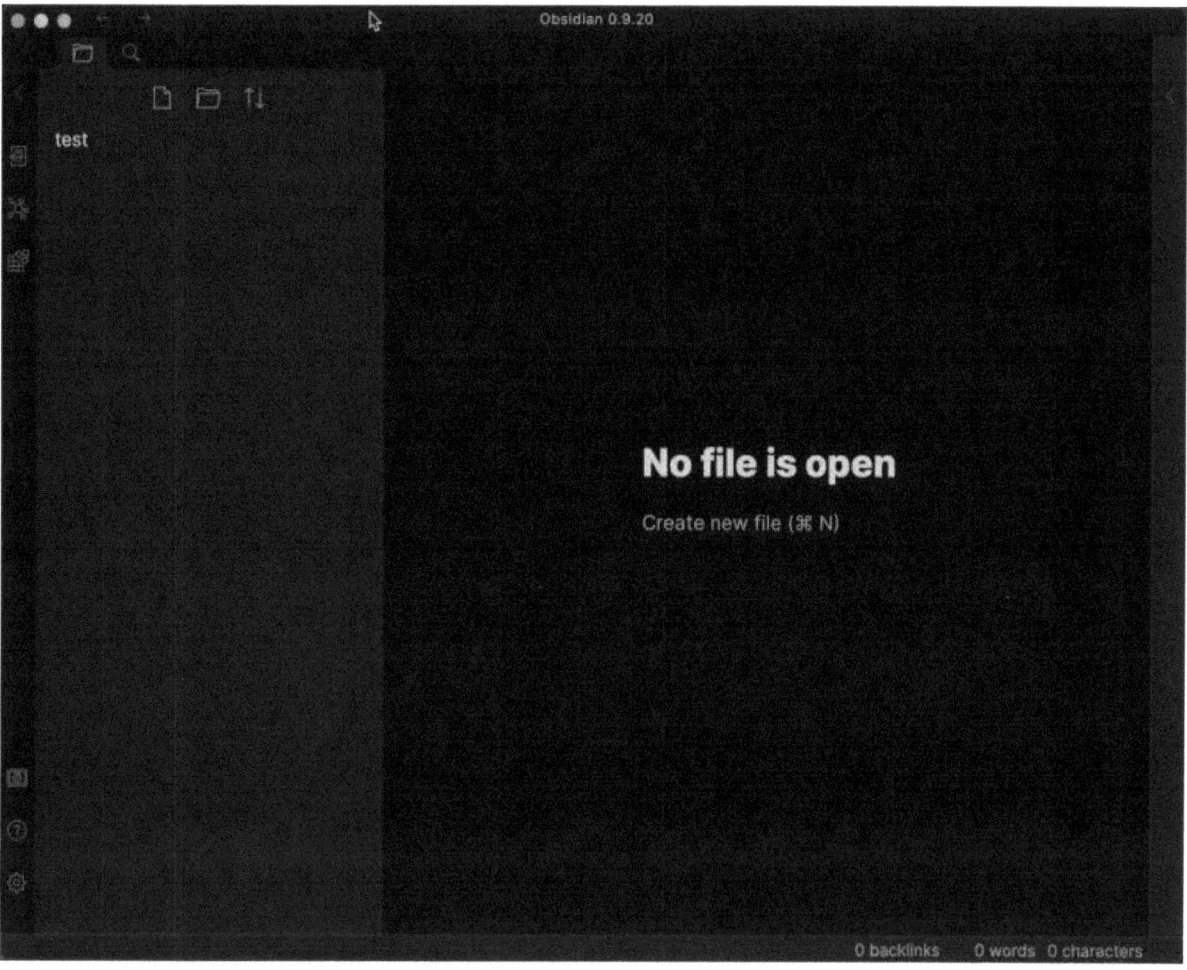

La pantalla de inicio es bastante clara y contiene cuatro secciones. Estas secciones contienen los comandos básicos que necesitas para tomar notas cómodamente e interactuar eficazmente con la interfaz de usuario. Los botones adicionales de las barras de herramientas son opcionales y se tratarán más adelante en esta guía. Estas secciones incluyen:

Barra de herramientas

Las herramientas más importantes están situadas en el extremo izquierdo y se puede pasar sobre ellas con el puntero del ratón para obtener más información. En esta zona también encontrarás la "vista de diagrama abierto", muy útil si tienes muchas notas. Pronto hablaremos de ello en detalle.

Sección Archivos/Carpeta

Esta parte de la aplicación contiene las notas relevantes que se han tomado en la aplicación. También hay botones para crear nuevos archivos y carpetas. Activando algunos botones, puedes mover archivos a nuevas carpetas con sintaxis o simplemente arrastrarlos y soltarlos. También puedes contraer las carpetas para acceder al contenido que contienen.

Documento activo

Aquí puede ver las notas activas en las que está trabajando actualmente. Sin embargo, puedes crear tu primera nota en esta zona vacía pulsando Ctrl o Ctrl + N para archivos nuevos o Ctrl o Ctrl + O para acceder a una nota ya guardada. Se trata de los mismos atajos de teclado que ya conoces de los programas de Windows.

Lista de enlaces

Puedes ver todos los enlaces que has creado para el documento actual en la parte derecha de la interfaz de usuario. También puedes hacer anotaciones sin enlace (mención sin enlace) a la nota actual si no quieres olvidar una idea o comentario.

A continuación puede ver una captura de pantalla de las diferentes secciones de la interfaz de usuario. Observe que la sección 4 sólo es visible si pulsa el botón **"Expandir"** situado en la parte superior derecha. También puede volver a **contraerla** utilizando el mismo botón:

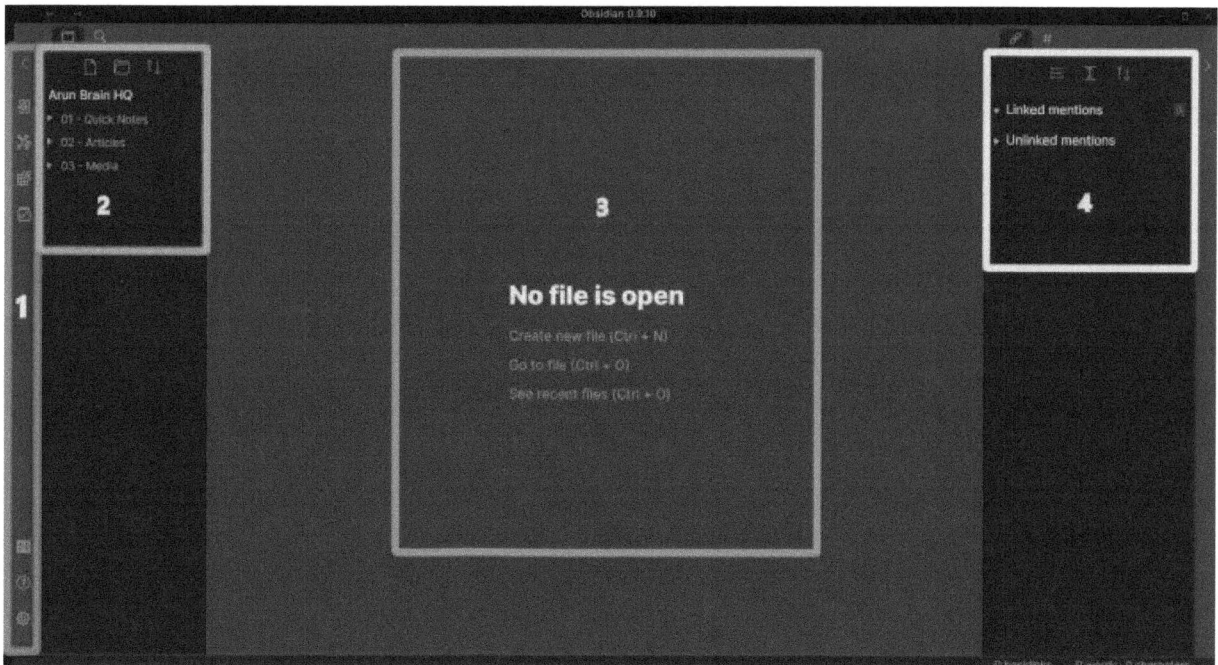

Panel de control izquierdo (arriba a la izquierda)

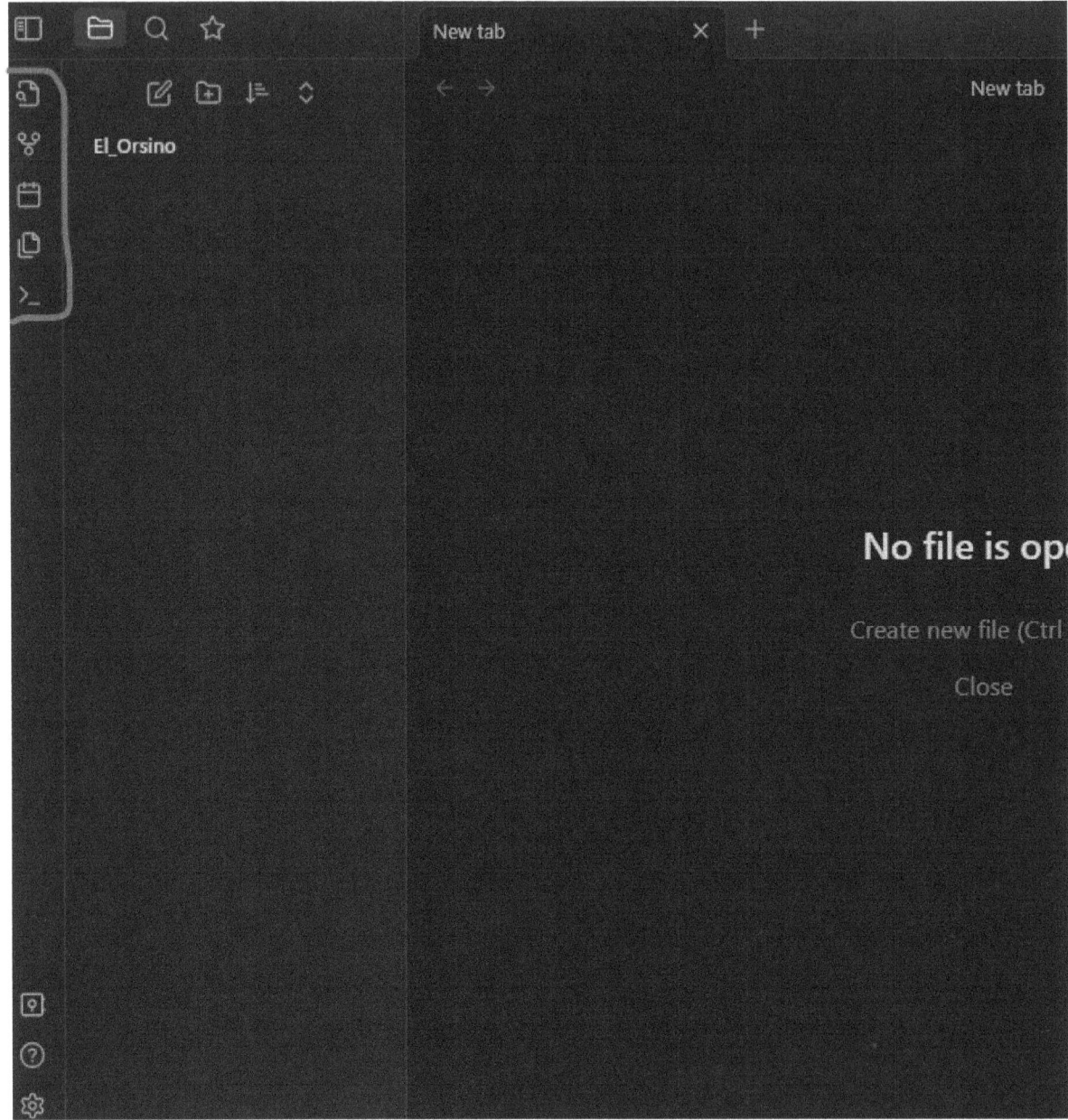

La zona del extremo izquierdo contiene cuatro iconos principales, como se muestra en la ilustración anterior:

Abrir Quick Switcher

En esta área, puede abrir páginas rápidamente introduciendo el nombre de la página en el campo de texto, como se muestra en la siguiente ilustración.

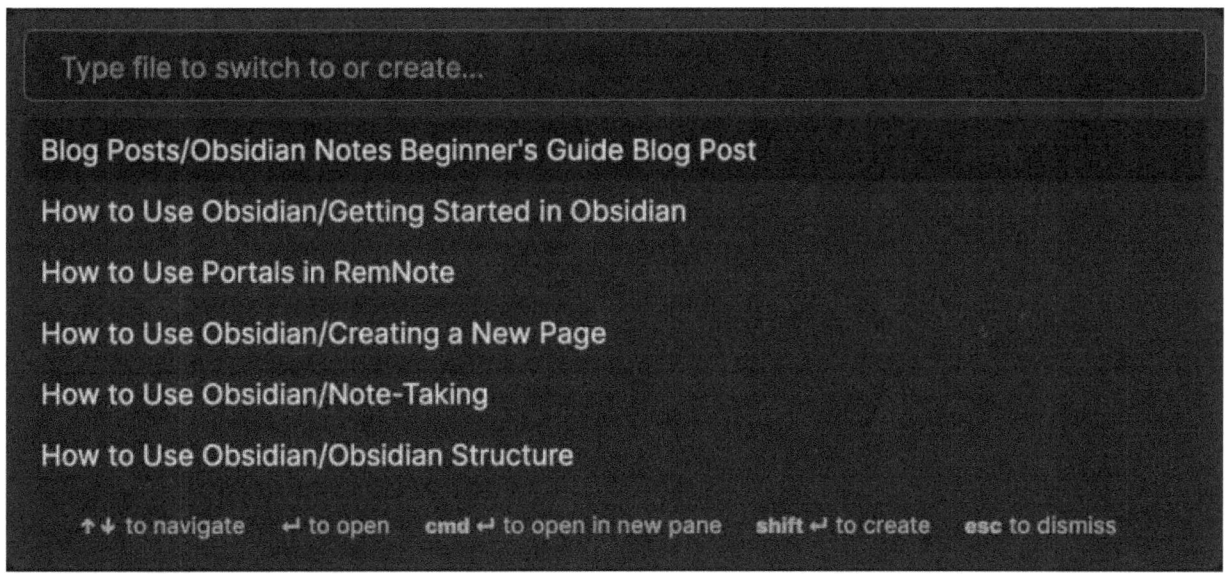

Vista Open Graph

Aparecerá un diagrama que muestra las conexiones entre las notas/páginas individuales. Lo explicaremos en detalle más adelante en este manual.

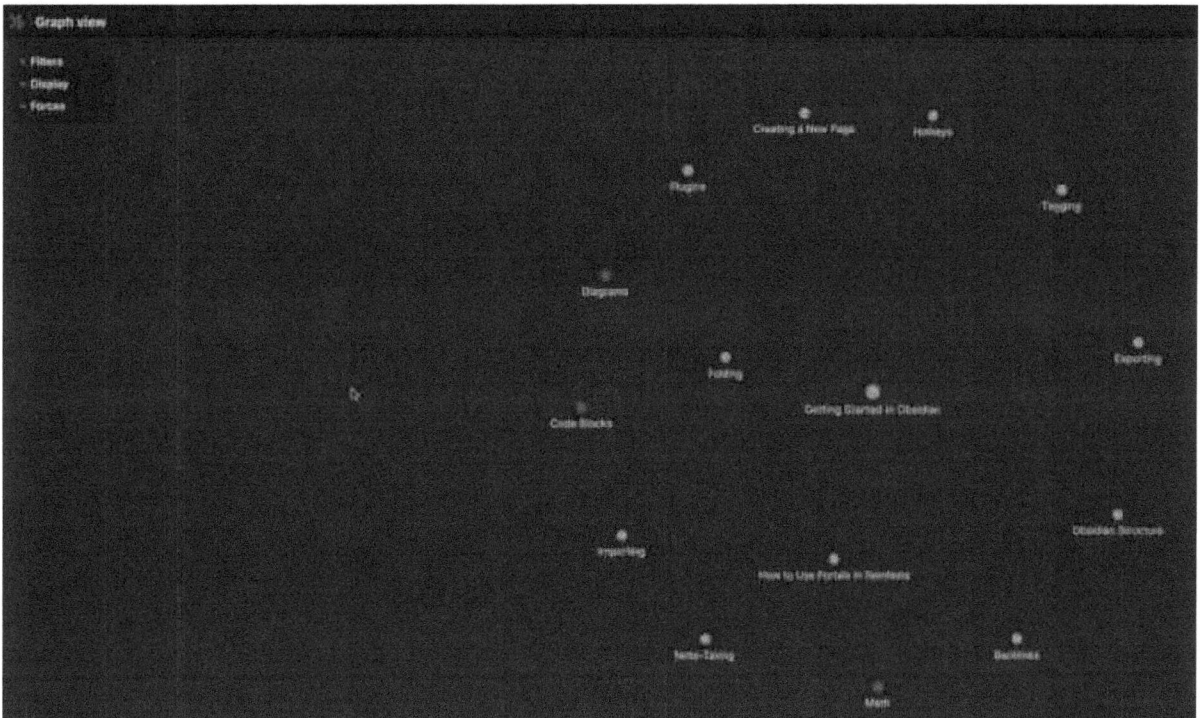

Abrir la nota diaria de hoy

En cuanto haga clic en él, se abrirá automáticamente la sección en la que tiene que introducir su nota con la fecha exacta. Véase la captura de pantalla siguiente:

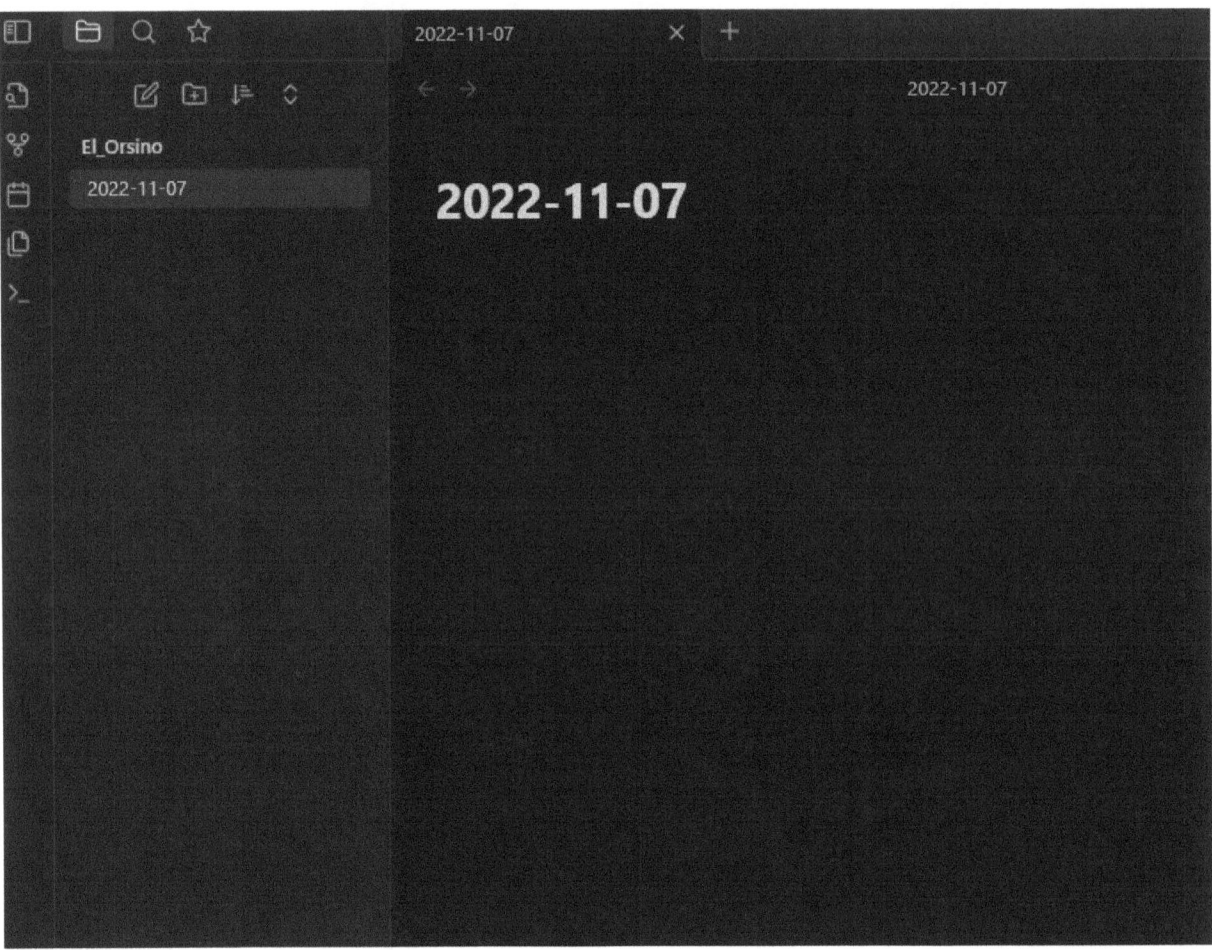

Panel plegable

Esta función contrae toda la ventana de la izquierda. Abre la paleta de comandos en cuanto se activa.

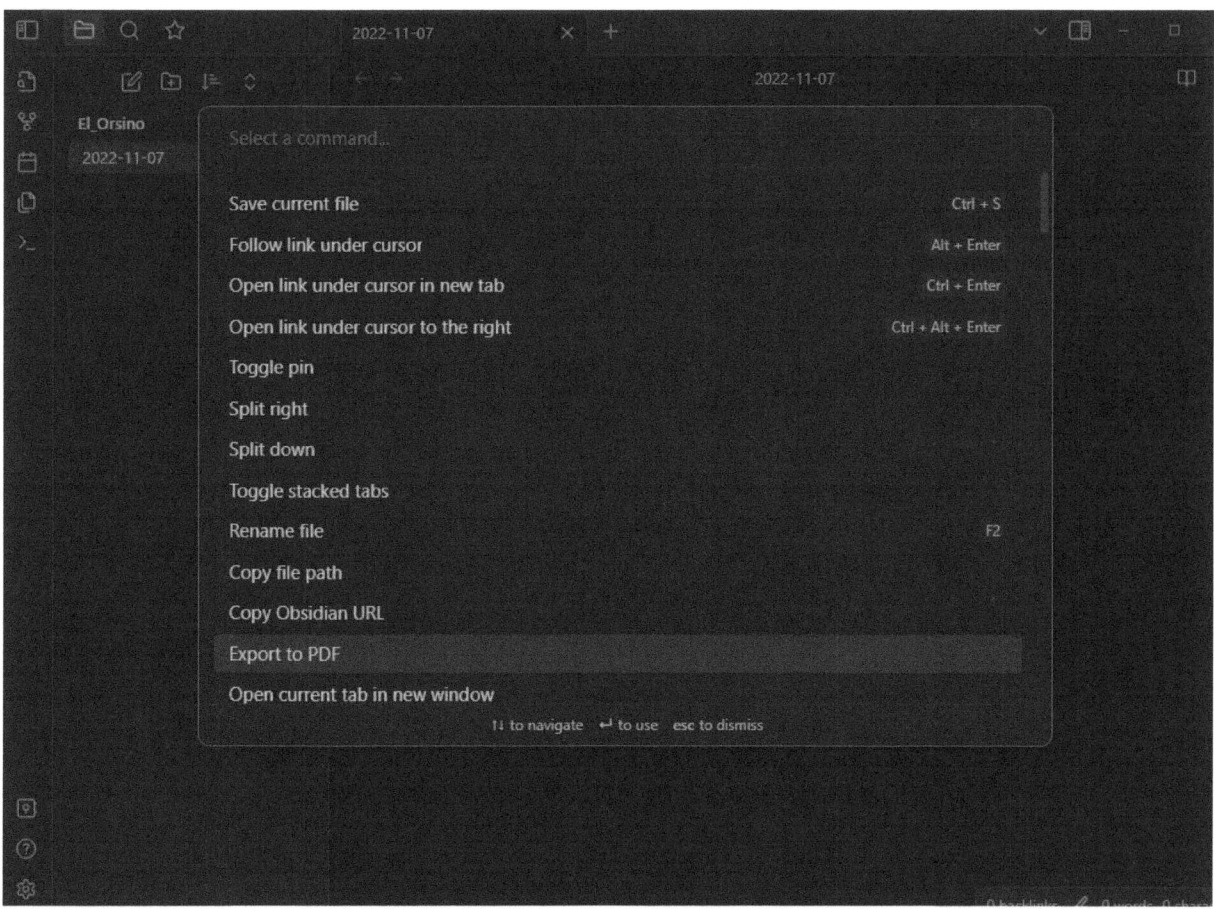

Ventana izquierda (abajo a la izquierda)

Hay tres botones más en la parte inferior izquierda de la ventana de la izquierda, como se muestra en la siguiente ilustración: Abrir otro «vault», Ayuda y Configuración:

Abrir otra cámara acorazada

Al hacer clic en este botón, puede acceder y abrir otro «vault» cuando aparezca una ventana emergente como se muestra en la captura de pantalla siguiente; puede crear un nuevo «vault» o abrir „vaults" existentes.

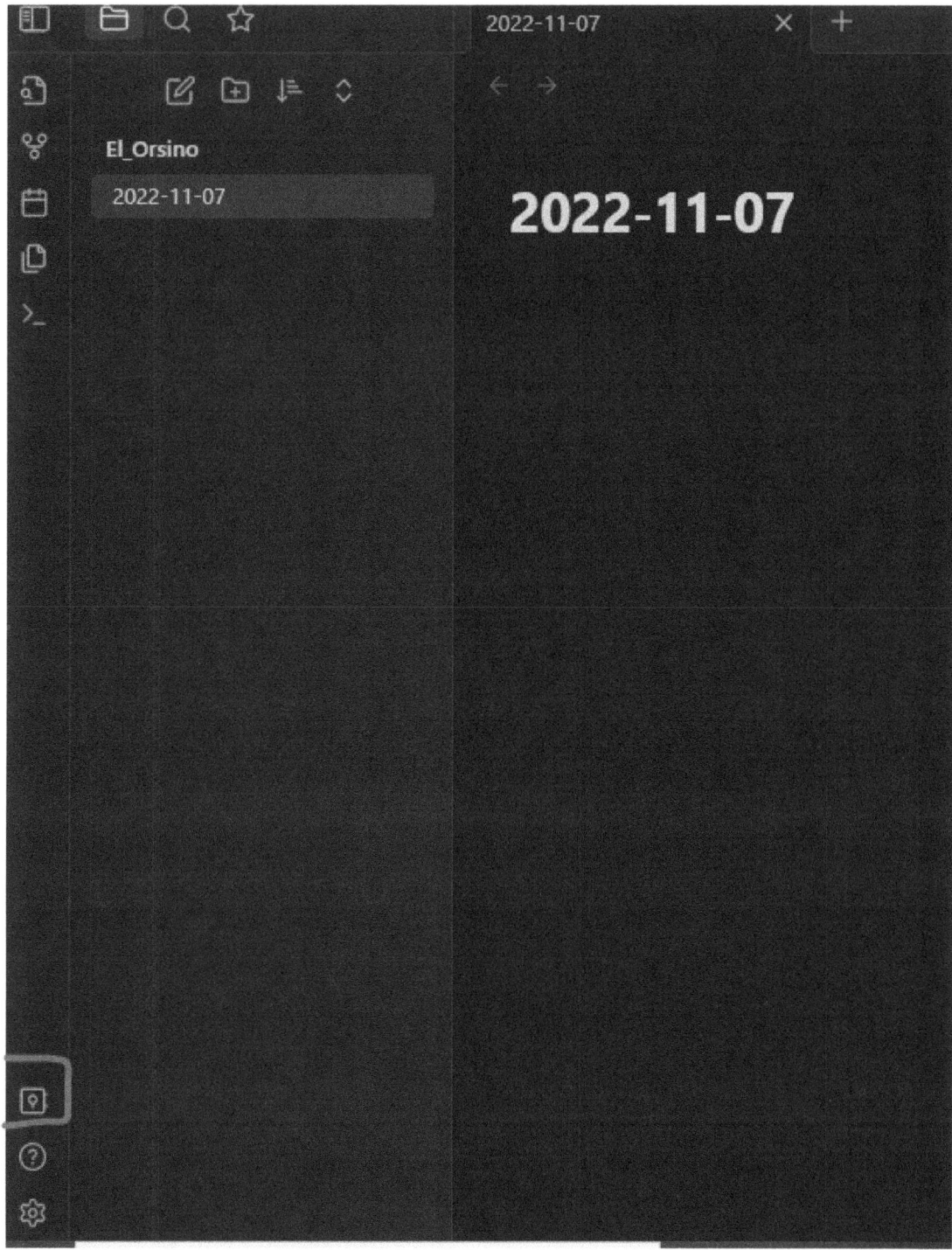

Si hace clic en el icono "Abrir otro «vault»", se abrirá la siguiente ventana para crear un nuevo «vault».

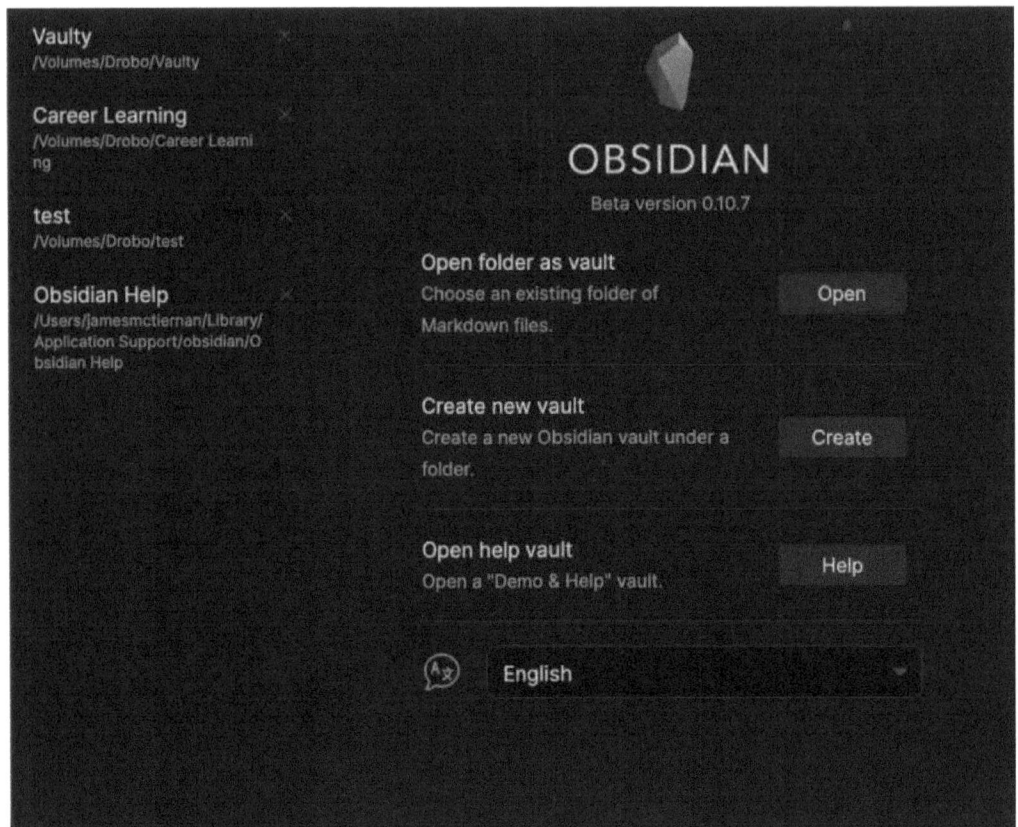

Ayuda

La siguiente captura de pantalla muestra cómo hacer clic en el botón de ayuda, que se indica con un signo de interrogación en un círculo. Esta sección te ayudará a orientarte en Obsidian, ya que los desarrolladores documentan cuidadosamente todas las funciones y características para facilitar su uso.

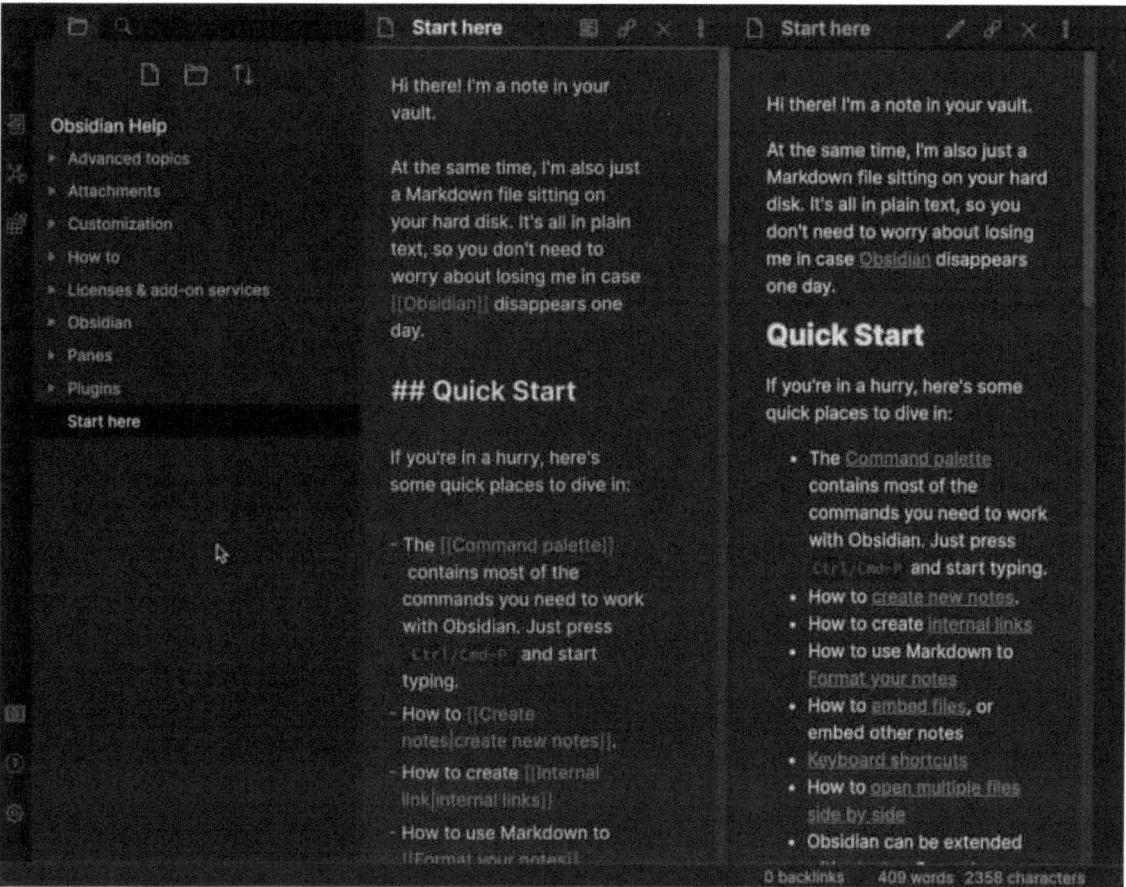

Ajustes

A través del botón "Configuración" se pueden realizar diversos ajustes, como configurar las teclas de acceso rápido, convertir HTML en Markdown al insertar un tema personalizado, activar plug-ins estándar y externos, cambiar la apariencia y activar o desactivar el corrector ortográfico.

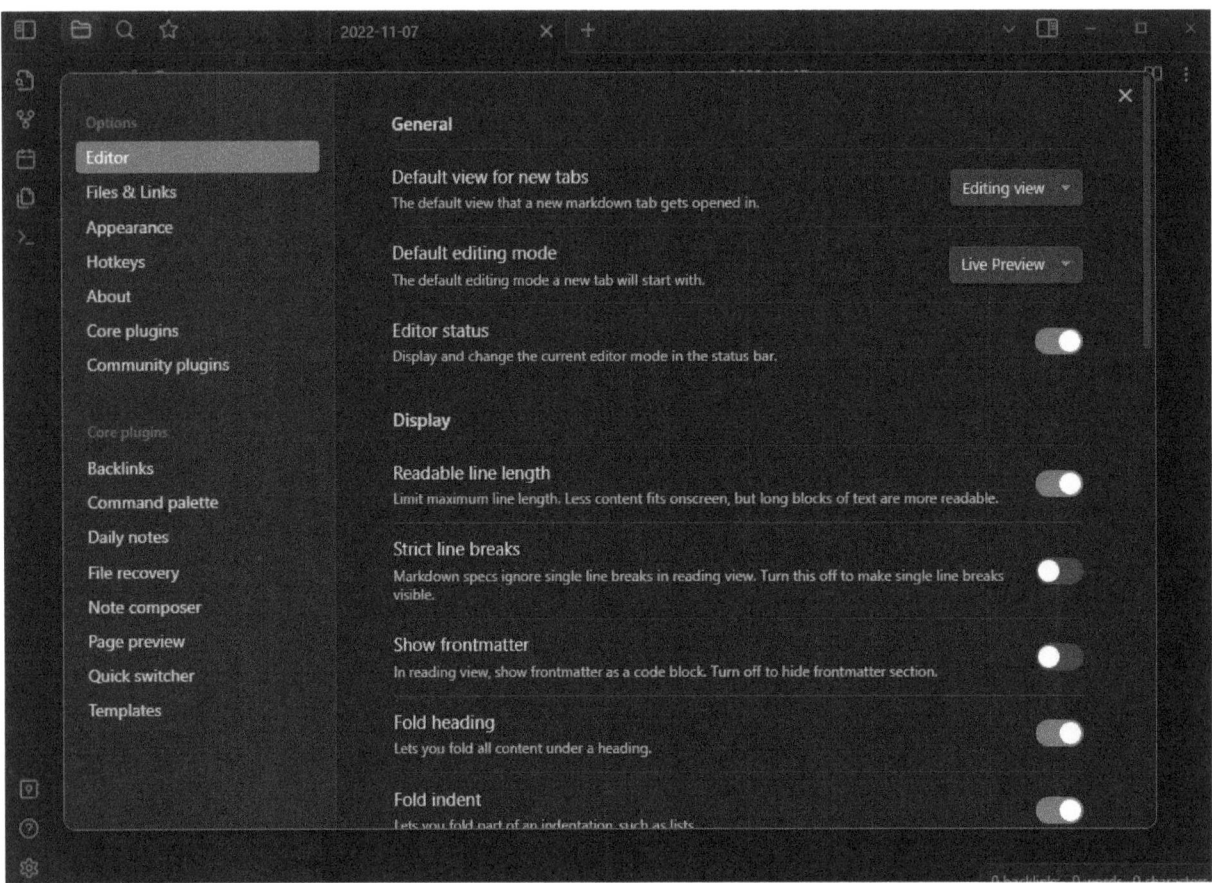

Ajustes básicos

Hay algunos botones opcionales, mientras que otros están activados por defecto. Dado que en esta sección nos ocuparemos principalmente de los botones deslizantes, es mejor que sigas mi ejemplo, ya que sincronizamos las funciones más importantes con la aplicación. En los ajustes, hay principalmente subsecciones como Editor, Plug-in, Archivo y enlaces, Apariencia, Teclas de acceso rápido, Acerca de la cuenta y Plug-ins de terceros. Sin embargo, a continuación se muestra una guía paso a paso sobre cómo configurar cada botón.

Editor

Capturas de pantalla de la configuración de la subárea Editor:

Primer paso

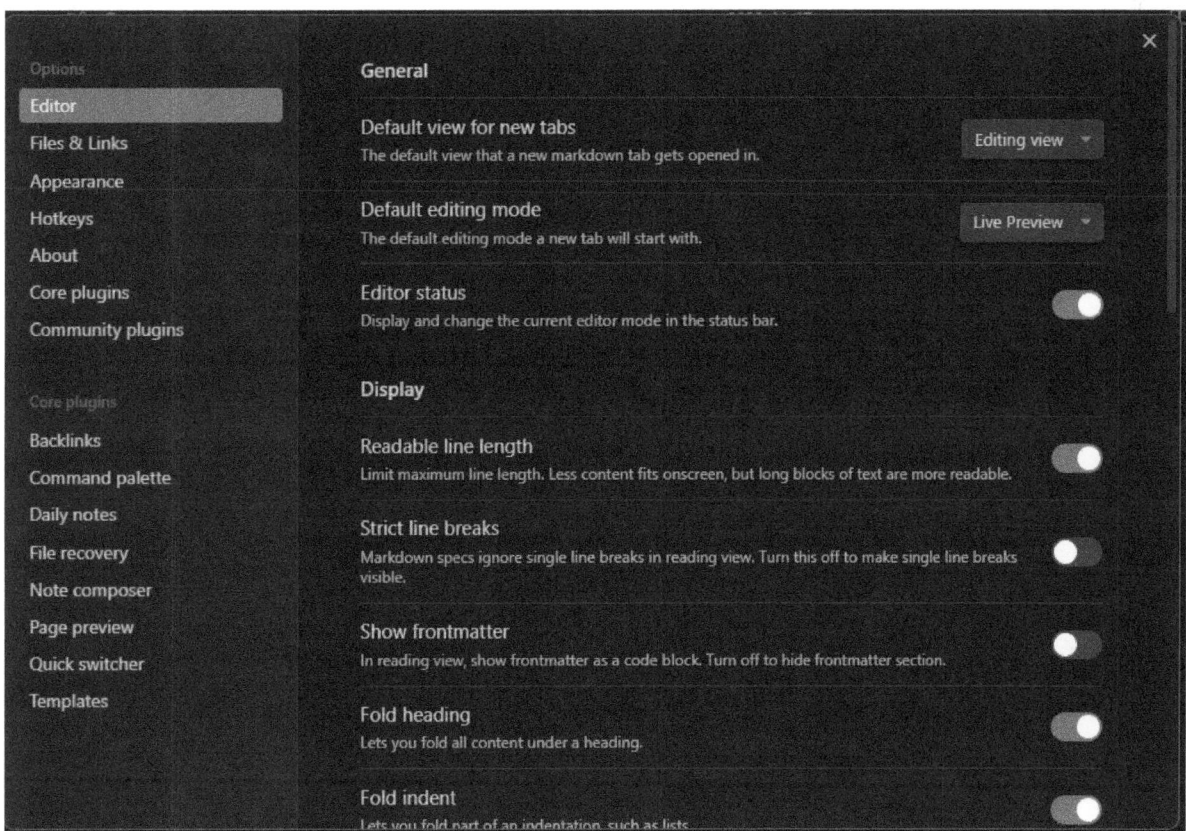

Paso 2

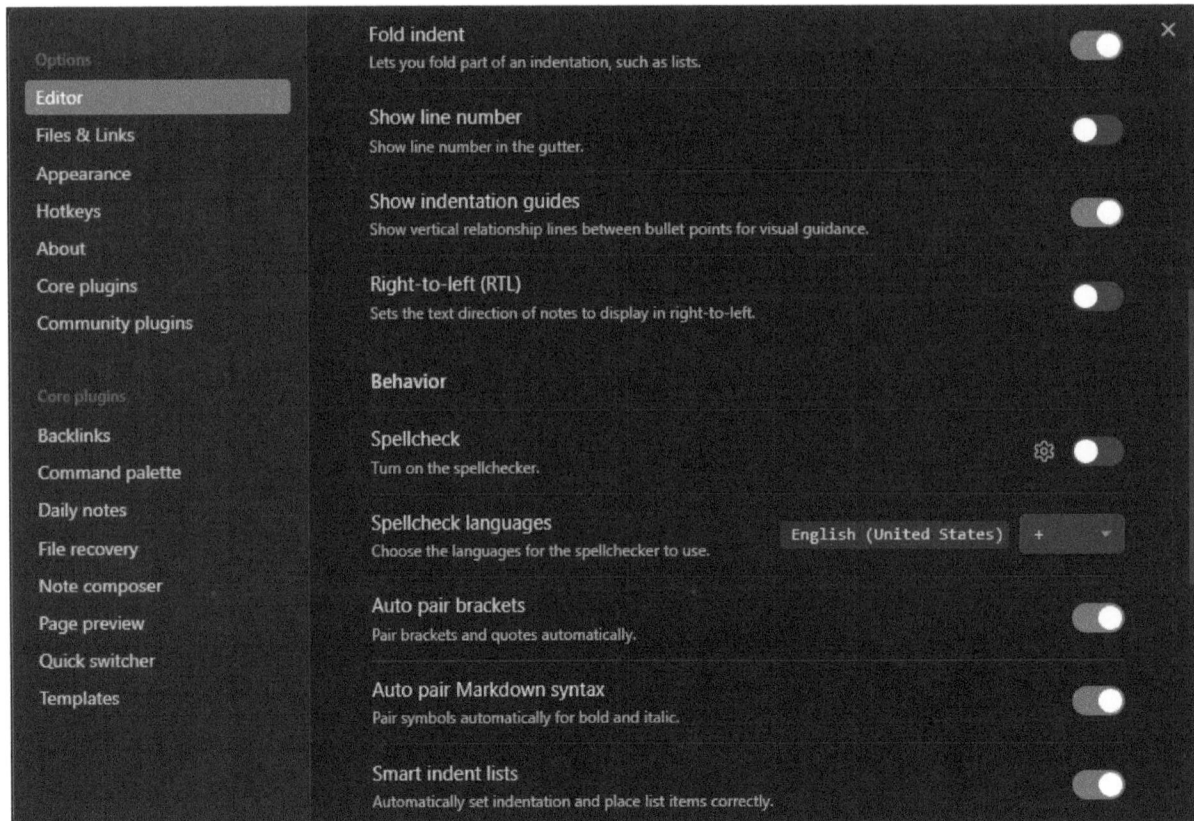

Paso 3

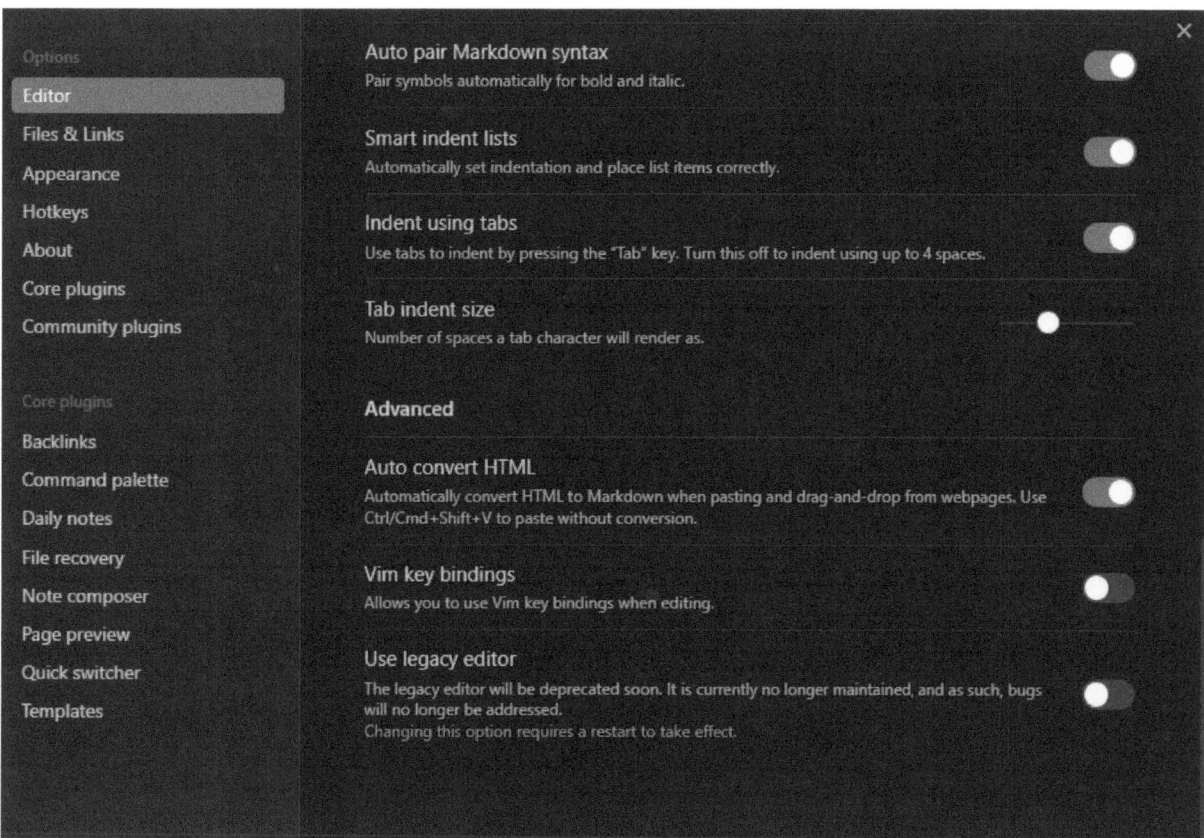

Archivos y enlaces

Para configurar la subsección "Ficheros":

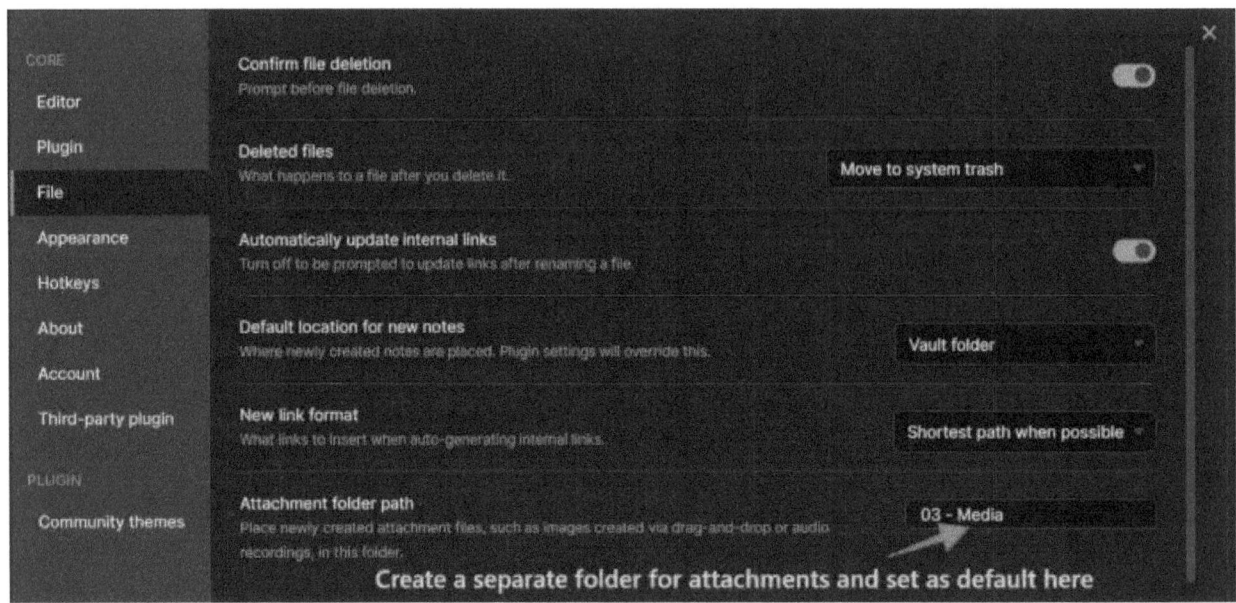

Apariencia

Para configurar la subsección "Aspecto":

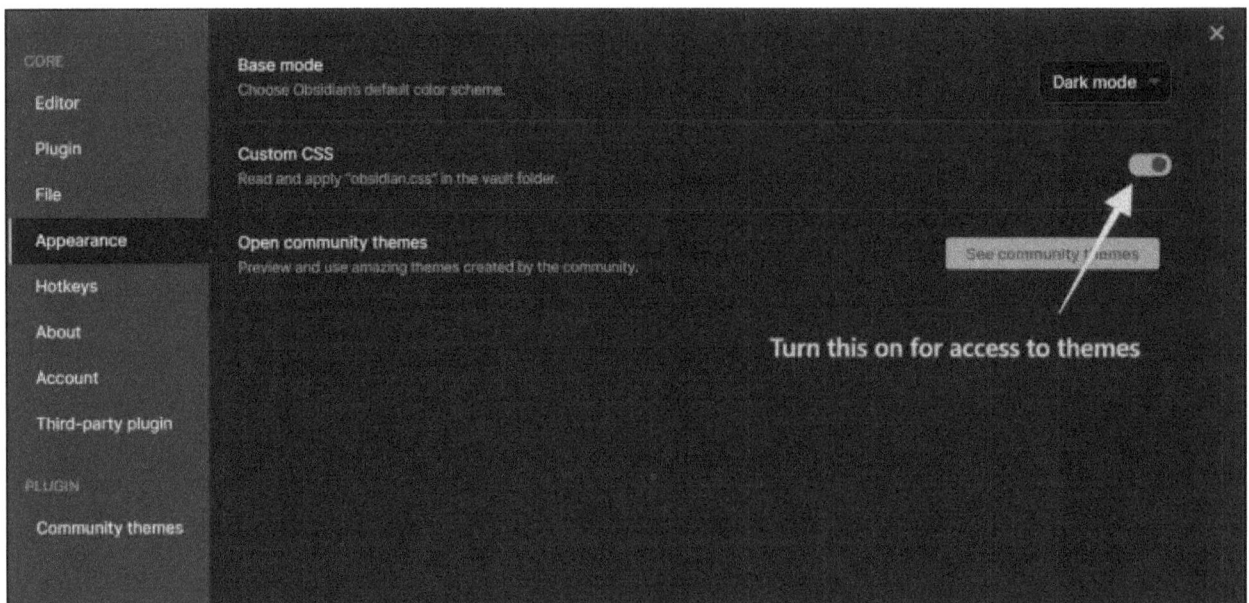

Nota: Para las demás subsecciones, le sugiero que las deje con la configuración por defecto. Sin embargo, puedes enterarte de los últimos desarrollos a través de la subsección Acerca de.

Puedes personalizar la interfaz de tu aplicación Obsidian a través de la sección Temas de la Comunidad.

Atajos de teclado

Aquí puede asignar comandos a los botones para realizar determinadas acciones. Aprenderás más sobre esto más adelante en esta guía:

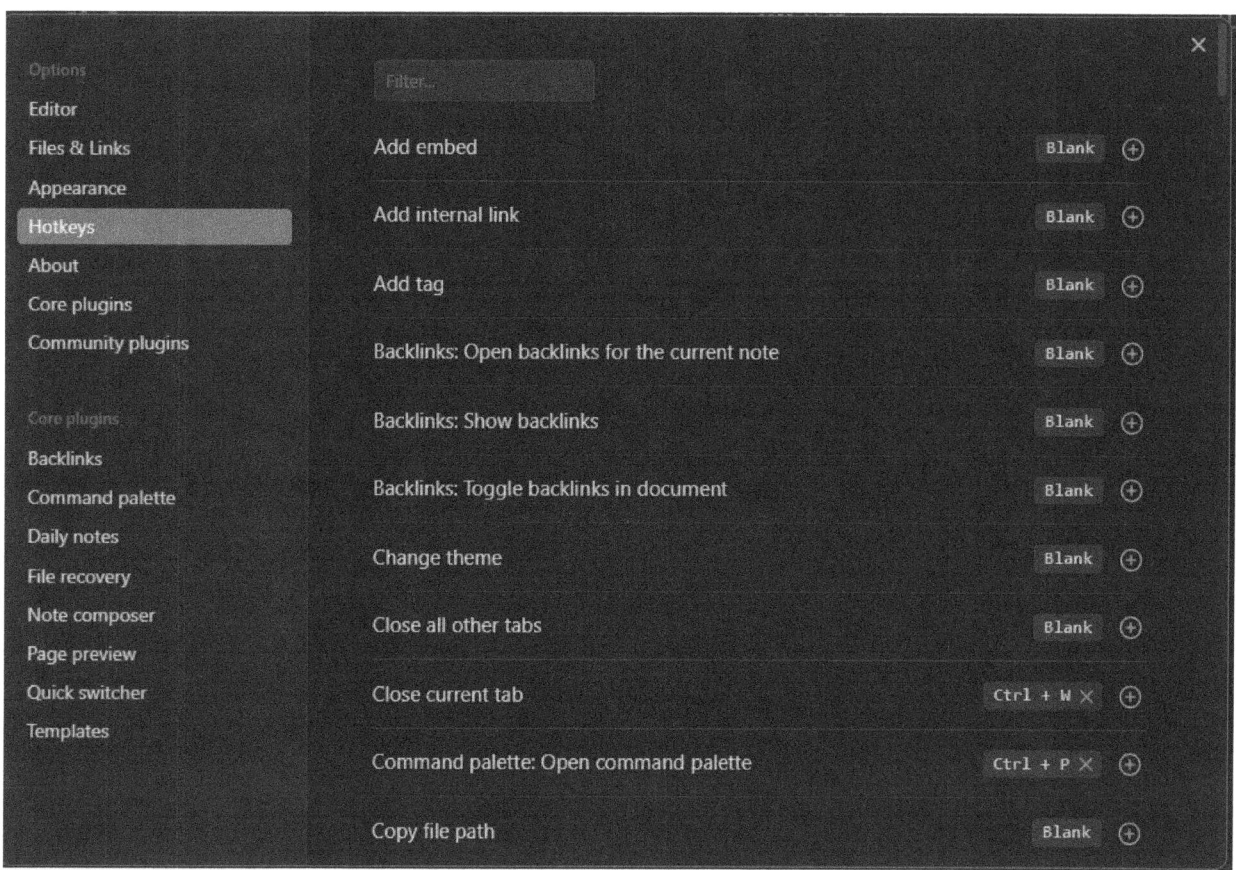

Plugin principal

Las opciones de personalización prácticamente ilimitadas que ofrece Obsidian desempeñan un papel importante en su popularidad actual. Con la ayuda de plug-ins, puede cambiar fácilmente la apariencia de la interfaz e integrar otras plataformas útiles en su aplicación Obsidian.

Los plug-ins son una parte esencial de tu éxito con la aplicación, pero es importante que elijas cuidadosamente los plug-ins que quieres utilizar. Comprende su funcionalidad y valora si los necesitas en función de tus objetivos.

Sin embargo, los plug-ins core son plug-ins integrados que se inician como opciones estándar. Cómo activar los plug-ins del núcleo.

Paso 1: Vaya a la sección Configuración

Paso 2: Seleccionar el plug-in principal

Paso 3: Seleccione su plug-in preferido activando o desactivando el control deslizante.

Capturas de pantalla que muestran cómo debe configurarse la subsección Core Plug-in:

Primer paso

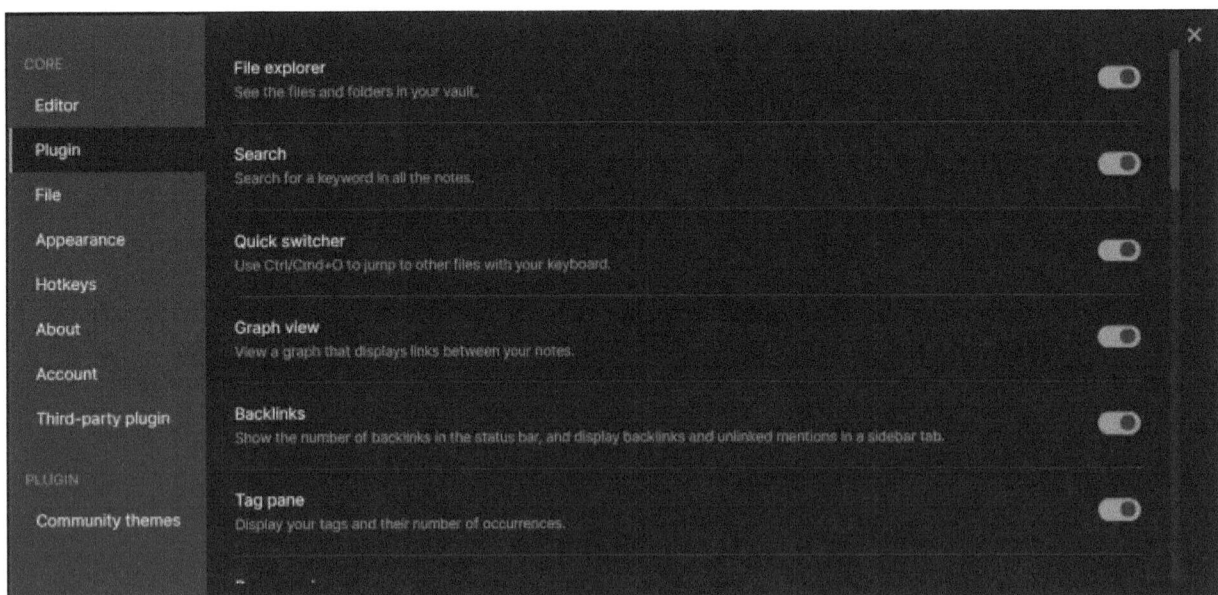

Paso 2

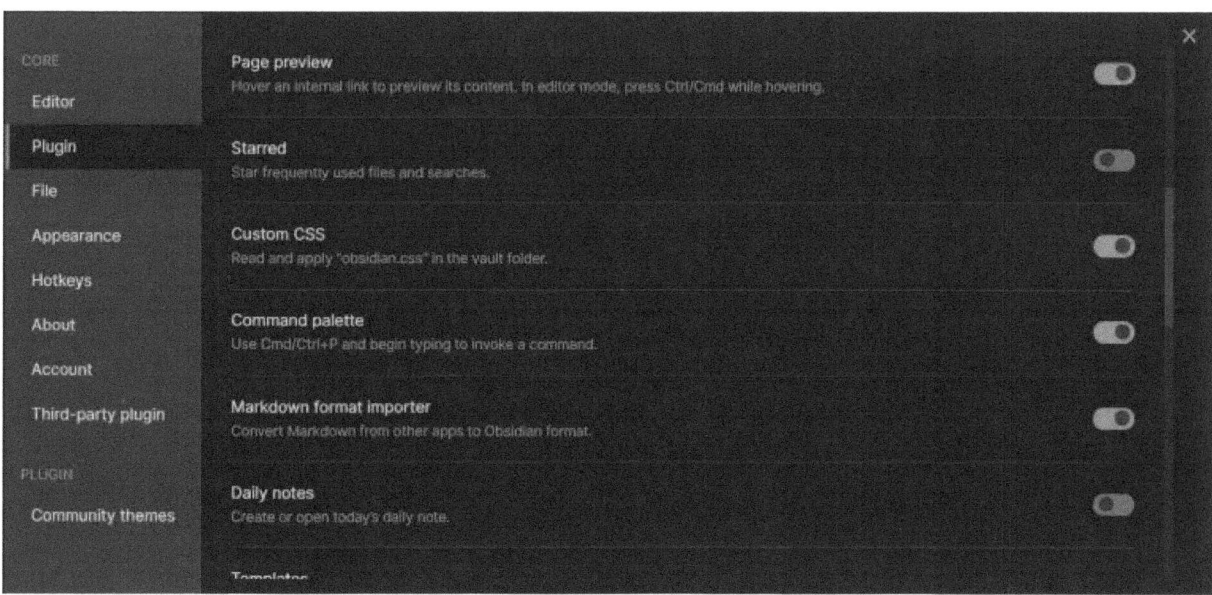

Paso 3

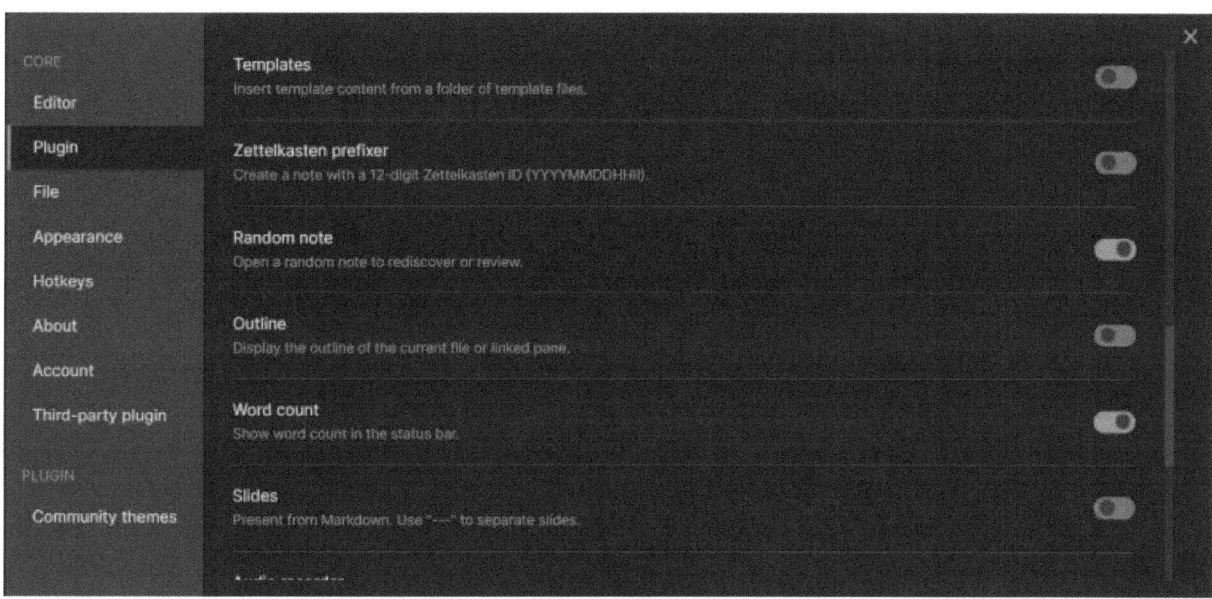

Paso 4

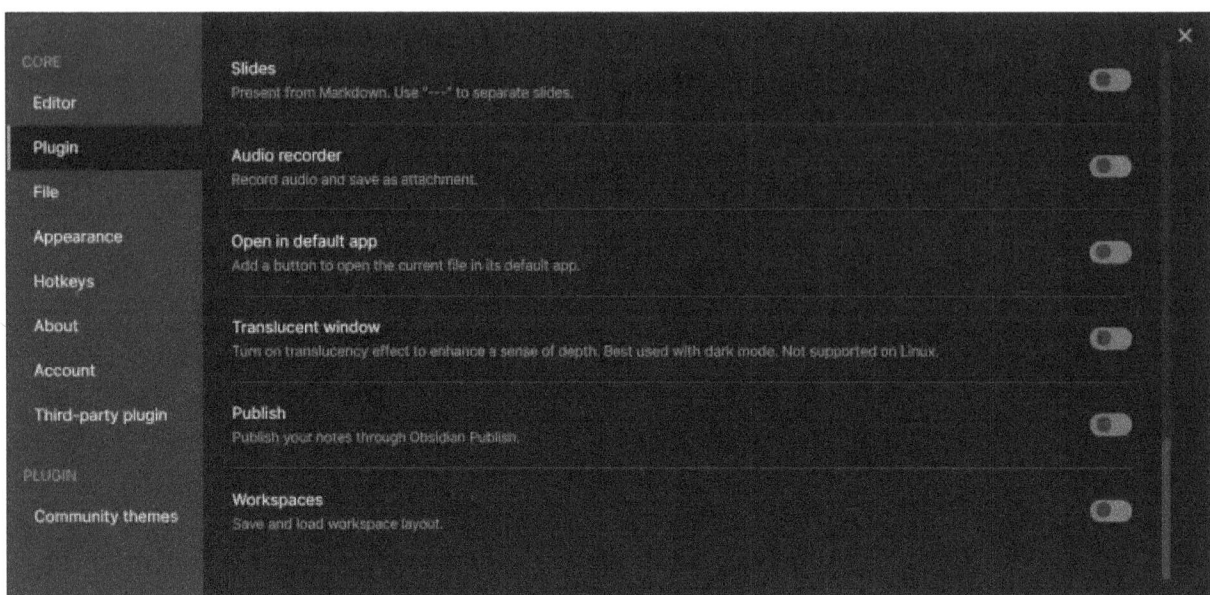

Plug-ins básicos importantes para Obsidian

Los plug-ins más importantes están integrados en el programa. También hay plug-ins comunitarios. Son muy útiles para reducir el uso de blocs de notas y el estrés de los sistemas de notas convencionales.

Notas diarias

Las notas diarias son una parte esencial de Obsidian, y también son una parte esencial que mejorará tu uso eficiente de Obsidian. Las notas diarias son notas que puede vincular a un día específico. Estas notas tienen un sistema de nomenclatura único en el que el nombre de la nota se forma a partir de la fecha. Esto le permite vincular otras notas a esta fecha. Obsidian conoce los "backlinks" de cada nota o cualquier otra nota en su bóveda que están vinculados a ella. La mejor parte es que usted puede automatizar sus notas, que cubriremos más adelante en esta guía.

Las notas diarias en Obsidian también pueden servir como una especie de índice para muchas de sus otras notas. Por lo general, esto reemplazará a su línea de tiempo imaginario en un bloc de notas.

Puede activar las notas diarias en Configuración > Complementos básicos.

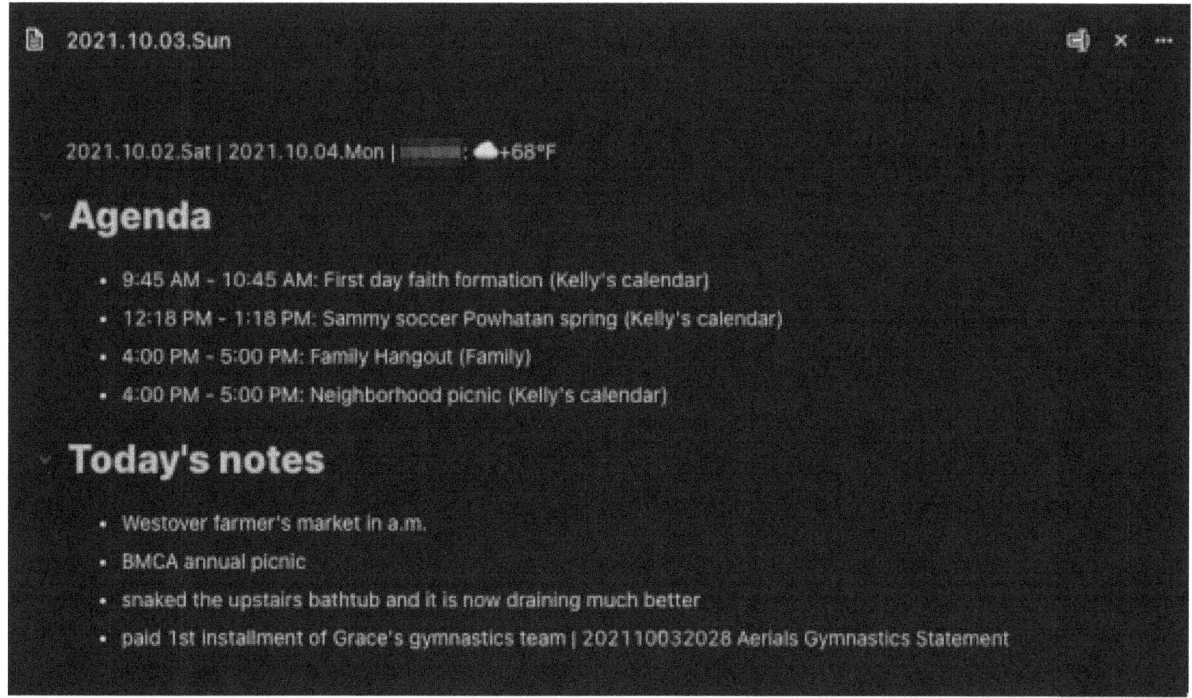

Notas destacadas

Esta es sin duda la mejor opción si no quieres perder el tiempo. Te ayuda a acceder rápidamente a más notas, especialmente a las que utilizas con regularidad. Este es el propósito de las notas "con estrella". Puedes marcar una nota con una estrella después de activar este complemento

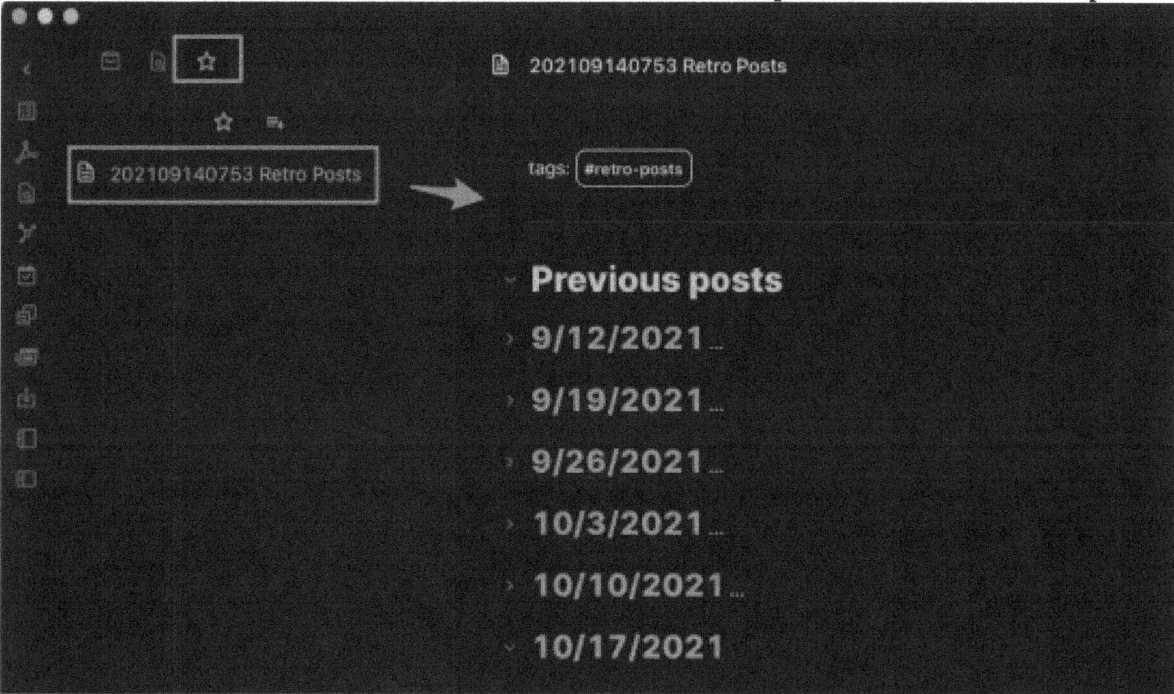

básico en el menú Configuración > Complementos básicos. Cuando una nota está marcada, se puede acceder a ella inmediatamente a través del panel de notas marcadas situado en la parte izquierda de la pantalla.

Prefijador de cajas deslizantes

Este programa tiene un nombre largo, pero describe un sistema fascinante para organizar notas. Puede que no necesites utilizarlo para todas tus notas, pero puedes usarlo al crear tus notas (especialmente una nota de lectura). Obsidian se ha convertido en una herramienta útil para quienes desean tener un formato de caja de notas digital por su capacidad para enlazar notas y mostrar claramente sus relaciones.

De todos modos, volvamos a la razón por la que estamos hablando de este complemento. Puedes hacer dos cosas con el prefijador de cajas de notas:

1. Le permite elegir un "prefijo" basado en un formato de fecha para los títulos de sus notas. Puede utilizar combinaciones de números como 202110111506. No se trata de un análisis complejo, sino simplemente de una combinación de la fecha y la hora de creación de la nota en el formato aaaammddhhmm. Obsidian añade automáticamente el prefijo cuando se utiliza uno para crear una nota y se puede optar por añadir más al título. Puede que no parezca gran cosa, pero especificar la fecha en este formato es muy útil. Con esta ilustración, puede buscar fácilmente la fecha al buscar notas.
2. Puede configurar una plantilla para su nota según su propio criterio, de modo que contenga datos adicionales junto al prefijo del título cuando se cree. Esto puede acelerar el proceso y favorecer la normalización.

Cuando añades una nueva nota, la siguiente ilustración muestra cómo se muestra tu plantilla por defecto:

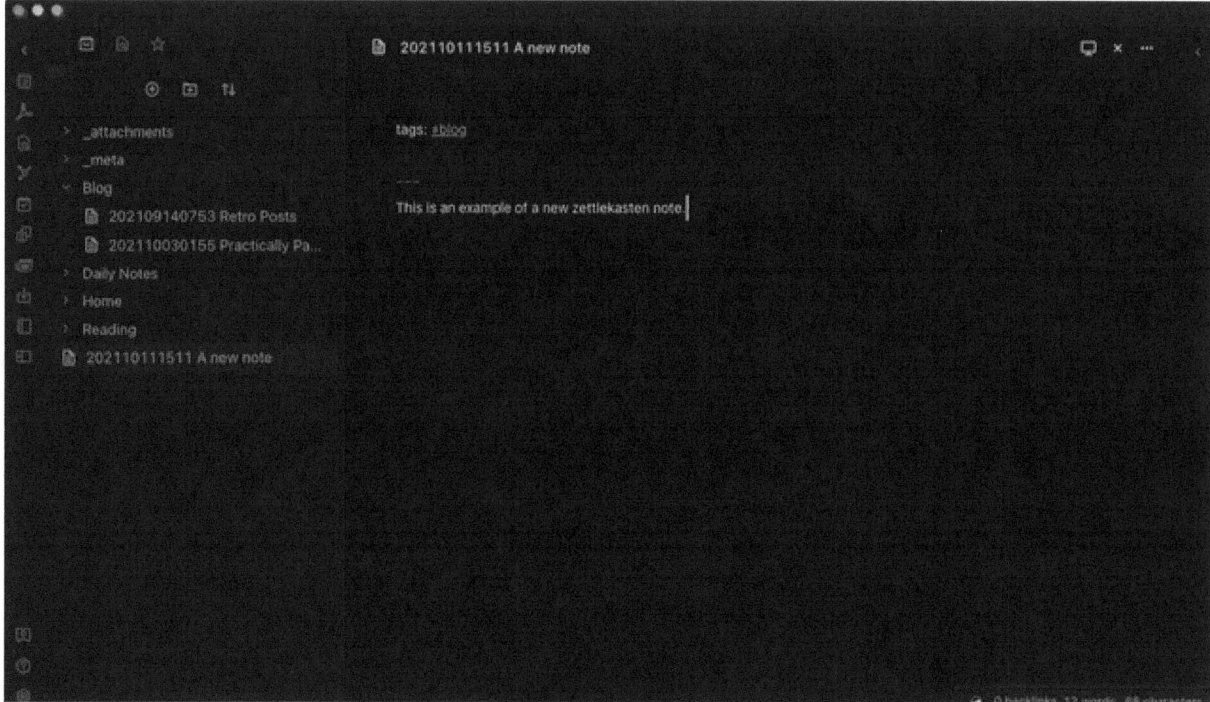

Cómo asignar nombres a las notas con el complemento del núcleo del prefijador del cuadro de notas en Obsidian

El prefijo se utiliza para dar identidad propia al título de una nota. La captura de pantalla siguiente muestra una pantalla en la que el complemento está activado. Basta con buscarlo y utilizar el control deslizante para activarlo o desactivarlo.

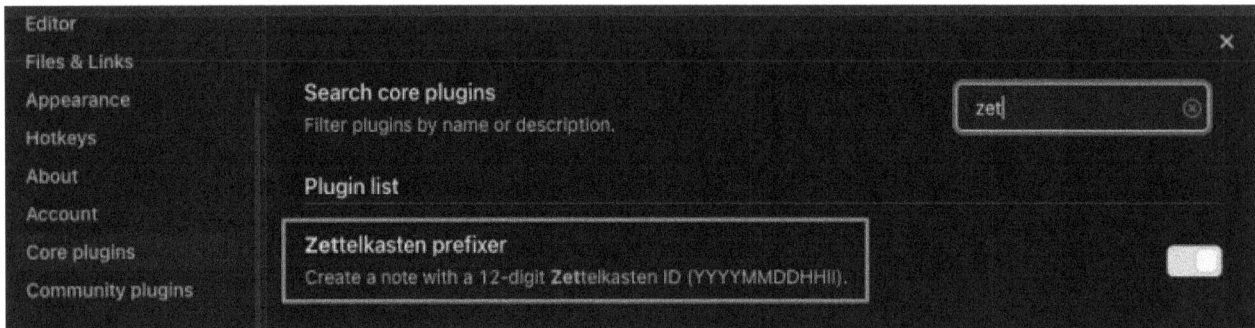

Obsidian ya dispone de este plug-in; no es necesario añadirlo de forma independiente a través de los plug-ins de la comunidad. A continuación, tendrá que configurar el prefijo del cuadro de notas como se muestra a continuación:

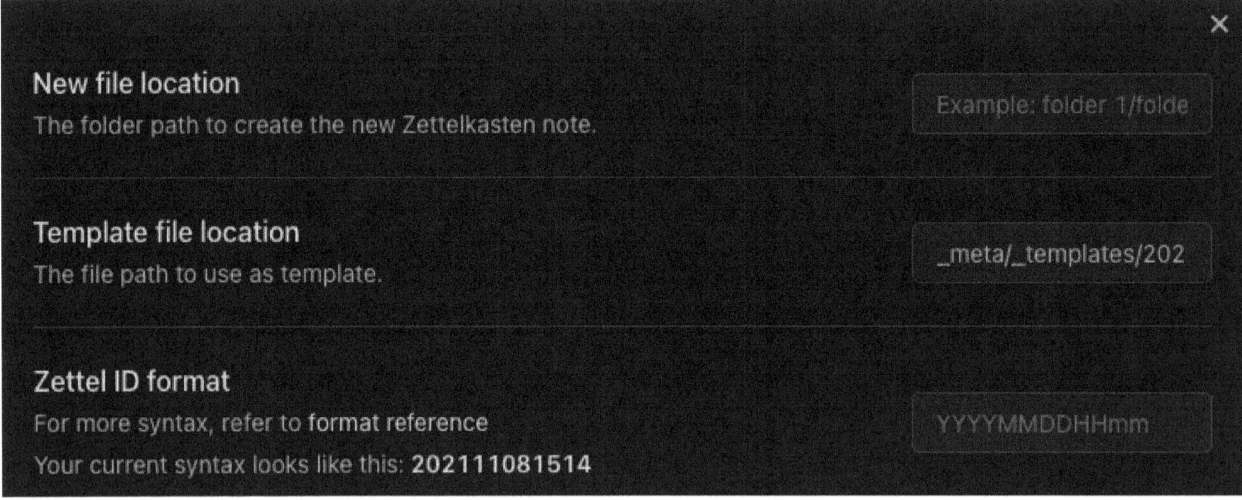

Tendrá que asignar un acceso directo a este proceso como se describe en la sección sobre la creación de un nuevo acceso directo. Para esta demostración, hemos utilizado Opt + Z en el Mac para iniciar el proceso. Ahora vamos a explicar lo que hace cada una de estas secciones:

- Nueva ubicación del archivo: Esta es la ubicación donde se guardan todas las notas nuevas. Sin embargo, como nuestra demostración está vacía, podemos introducirla en el nivel más alto. Una vez creada, muévala manualmente arrastrando y soltando.

- Ubicación del archivo de plantilla: Puede crear una distinta para cada nota para asegurarse de que es única. Verá estas plantillas en esta sección. Las plantillas son simplemente archivos Markdown con las mismas opciones que los archivos Markdown. Puede crear un archivo de plantilla simple para añadir etiquetas.
- Nota Formato ID: Así es como se muestra el número. También puede utilizar el formato AAAAMMDDTHHmm.

Para facilitar su uso, puedes hacer algunos cambios sencillos. Le ayudará activar una combinación de teclas para crear una nueva nota de cuadro de notas. La función "Crear nueva nota de cuadro de notas" está vinculada a la combinación de teclas que se especifica a continuación:

Como ya he sugerido, utilice el atajo de teclado Opt + Z. Al pulsar esta tecla, obtendrá la interfaz que se muestra en la imagen siguiente:

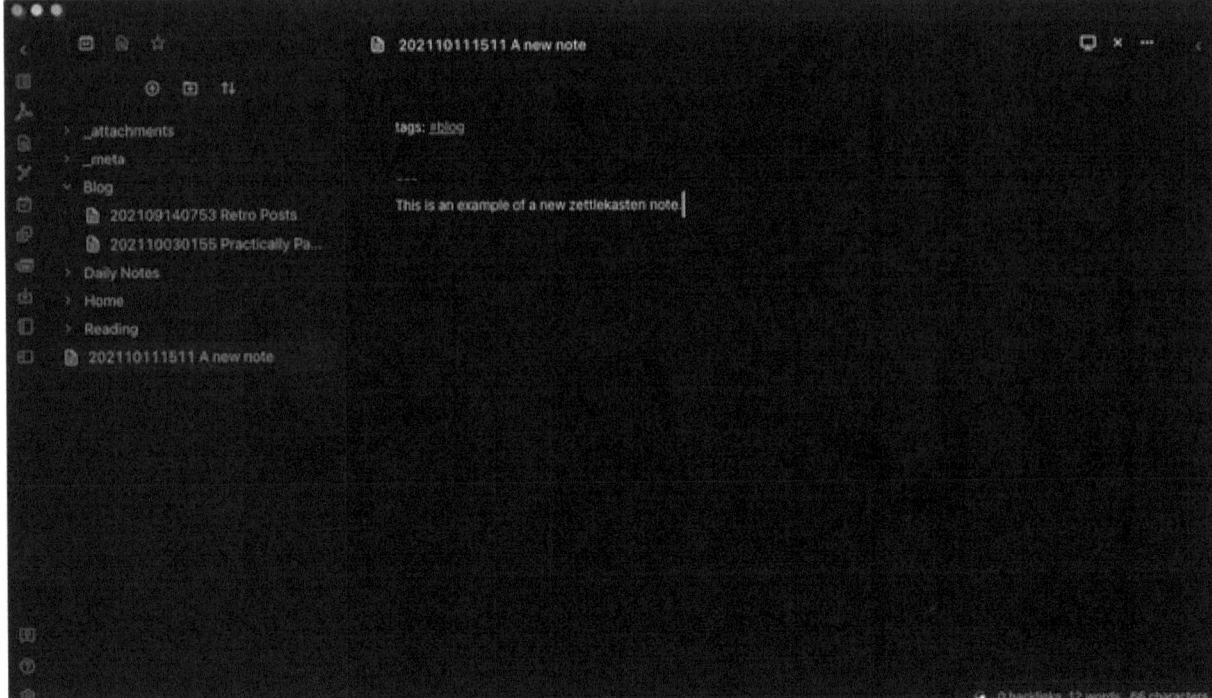

Como muchos otros, utilizar un prefijo para las notas es beneficioso por una razón importante. Por ejemplo, puedes hacer notas rápidamente con una plantilla sin preocuparte de un título completo. Esto es útil para notas rápidas que quiero hacer sin tomarme demasiado tiempo para un título. Y siempre puedo volver a ella en el futuro.

No mucha gente lo sabe, pero a continuación se muestra un método para ordenar las notas por la fecha del título, ya que el prefijo del cuadro de notas depende de la fecha y hora actuales. Supongamos que queremos utilizar todos los archivos que creamos en octubre de 2021. Podemos simplemente archivarlos **introduciendo archivo: 202110** y ver todas las notas creadas dentro de esa fecha, como se muestra en la siguiente captura de pantalla.

```
file: 202110                                    ⊗

202110 011015 Fexibo Sit-Stand Desk
202110 030155 Practically Paperless
202110 031950 Articles I've read
202110 032000 Collections and permanance
202110 032004 Unpacking My Library
202110 032028 Aerials Gymnastics Statement
202110 041419 Specializing versus expanding
202110 060841 Knucleballs
202110 060842 The Baseball 100
202110 201500 Cicada Queen by Bruce Sterli...
202110 202140 Beyond the Dead Reef by Ja...
202110 211609 Year's Best Science Fiction V...
202110 211611 Slow Birds by Ian Watson
202110 211616 Vulcan's Forge by Poul Ande...
202110 212007 Ideas
202110 221104 Man-Mountain Gentian by H...
202110 221338 Hardfought by Greg Bear
202110 231108 Manifest Destiny by Joe Hald...
202110 231111 Full Chicken Richness by Avr...
202110 251131 GitHub
202110 251144 Covid Vaccination Card - Ja...
202110 251145 Covid Vaccination Card - Zach
202110 251716 E. B. White on hoarding
202110 251717 E. B. White on Sputnik
202110 251719 E. B. White on Writing
Pasted image 202110 18154733.png
```

Para plug-in comunitario/de terceros

Obsidian ofrece a los desarrolladores ajenos al equipo de la plataforma la oportunidad de crear plug-ins compatibles con el sistema. Estos plug-ins se clasifican como "plug-ins de la comunidad". Sin embargo, pueden no ser tan seguros como los plug-ins del núcleo y tendrá que conceder el acceso.

Para activarlo, seleccione la opción "Activar complemento comunitario" en la parte inferior de la ventana emergente después de haber ido a Configuración y luego a Complementos comunitarios para acceder a los complementos comunitarios.

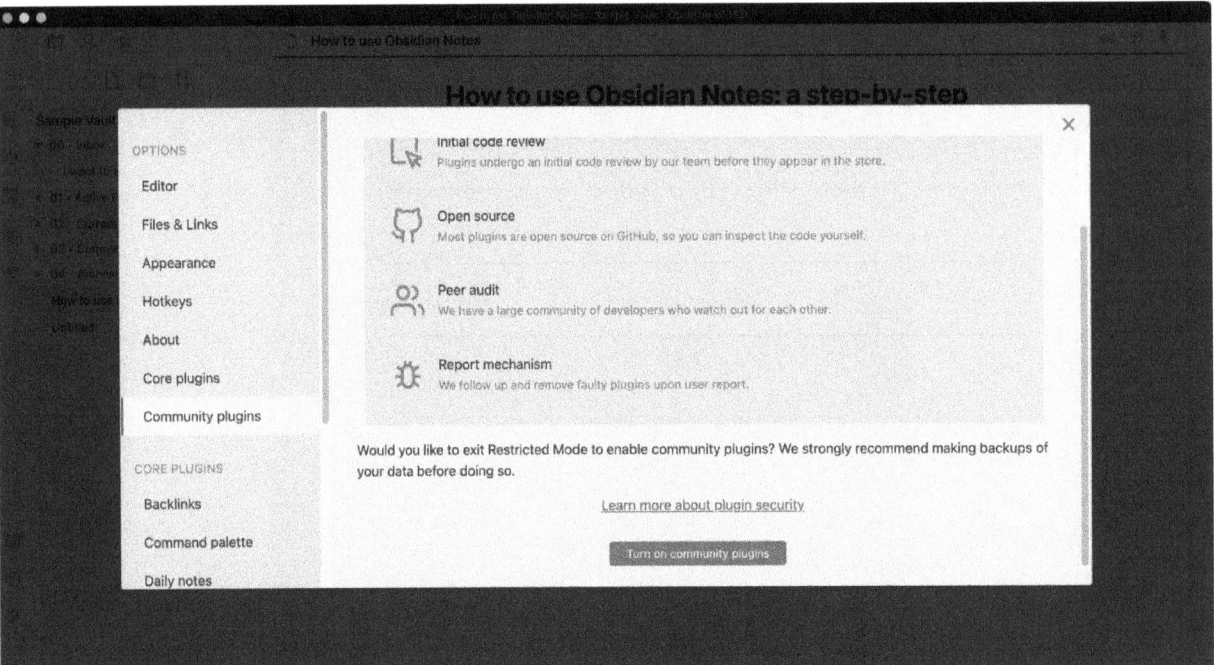

Una vez concedido el acceso a través de la ventana opt-in, puede examinar y seleccionar muchos plug-ins. A continuación encontrará una lista de algunos plug-ins comunitarios de uso frecuente:

- Advanced Tables Obsidian: Complemento que ayuda a formatear y editar tablas.
- Obsidian Underline: Plug-in que ayuda a activar la combinación de teclas Ctrl o CMD + U, que permite subrayar textos e insertar el marcado HTML.
- Widget de calendario Obsidian: Añade el calendario a tu aplicación Obsidian.
- Obsidian outline: Ayuda a gestionar listas como en RoamResearch
- Integración Zotero-Obsidian: este complemento permite a los usuarios importar e insertar bibliografías, notas, citas y anotaciones en PDF de Zotero en su aplicación Obsidian.
- Raindrop-Obsidian plug-in: Raindrop.io es una plataforma de marcadores, y este plug-in ayuda a integrar la plataforma con Obsidian.

Atajos / Formato básico

Ahora que conoces la información básica, será bueno mostrarte algunos de los atajos que podrías necesitar a largo plazo cuando utilices Obsidian.

Convertir a modo lectura

Obsidian se encuentra automáticamente en modo de vista previa en directo. Cambia a "Modo edición" pulsando Ctrl o CMD + P para mostrar la paleta de comandos y selecciona "Modo lectura".

Paleta de comandos

Pulse la combinación de teclas Ctrl P para visualizar la interfaz que se muestra a

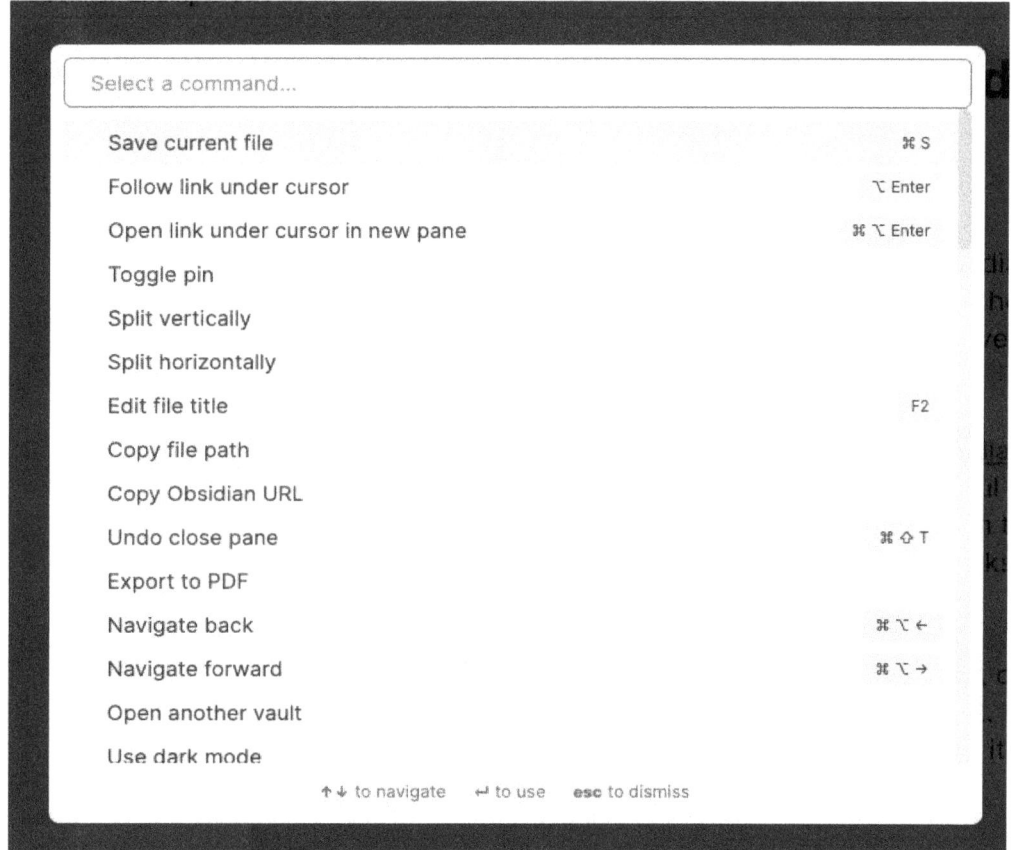

continuación:

Crear nueva nota

Para crear nuevas notas, pulsa Ctrl o CMD + N.

Cerrar ventana

Para cerrar la ventana de notas, utilice la combinación de teclas Ctrl o CMD + W.

Pasar de una nota a otra

Mantén pulsado Ctrl o CMD + Alt u OPT + Izquierda/Derecha para cambiar entre la nota anterior y la siguiente.

Crear nuevos enlaces internos

Puede crear un nuevo enlace interno pulsando **dos veces** el corchete "[[".

Obsidian muestra el contenido de un enlace interno en la vista previa en cuanto el puntero del ratón pasa sobre él.

Numeración o viñetas al crear una lista

Pulse 1. o - y, a continuación, la barra espaciadora para iniciar una lista numerada o una enumeración.

Para las rúbricas

Pulse #, luego un espacio para la rúbrica 1 o 2 ## para la rúbrica 2 y proceda del mismo modo para las demás rúbricas.

Cambiar el tipo de letra en Obsidian

Sigue estos pasos para seleccionar la fuente deseada en la aplicación Obsidian:

Paso 1: Seleccione la rueda dentada "Configuración".

Paso 2: Cambie al área "Apariencia".

Paso 3: Busque en el menú "Fuente". Aquí puede cambiar la fuente de la interfaz de usuario, la fuente del texto y otras fuentes.

Nota: Es posible ajustar el tamaño de la fuente desde aquí.

Añadir notas a pie de página

Si desea añadir algo a sus comentarios sin cambiar su flujo de trabajo, las notas a pie de página son la mejor forma de hacerlo. Como no están integradas, tendrás que instalar el complemento "Acceso directo a notas al pie".

Será un Markup.txt con el siguiente aspecto:

Texto con nota a pie de página: [^1]

Hola mundo

[^1]: Nota

Para facilitar la activación, inserte ^[texto de la nota a pie de página] al final del texto.

De este modo, las notas a pie de página también pueden insertarse directamente en el texto:

Este texto es un ejemplo. El texto siguiente

Se inserta una nota a pie de página en este apartado.

(nota a pie de página)

Crear mesa en Obsidian

Con el plug-in "Tabla avanzada" del área de plug-ins de la comunidad, puede insertar tablas en el texto. Esto facilita mucho el formateo y la edición del texto que va a aparecer en una tabla.

Después de la instalación, debe introducir los siguientes procedimientos para obtener una tabla:

| Sintaxis | Descripción |

| ---------- | ---------- |

| Libro

| Regla | Marcador |

Esto crea una tabla como la siguiente:

Rúbrica	Descripción de la
Reserve	Pluma
Regla	Marcado

Para los textos en negrita

Escribe tu texto entre dos asteriscos "**" para ponerlo en negrita, o Ctrl o CMD + B.

Oferta

Para iniciar una cita, pulse > y luego la barra espaciadora. \- y espacio, seguido del nombre de la persona que cita.

División horizontal de líneas

Para iniciar un salto de línea horizontal, pulse tres veces la tecla menos o utilice guiones sin espacios "---" y, a continuación, pulse la tecla intro.

Sin embargo, si coloca tres guiones exactamente debajo de un texto en una interfaz de nota Obsidian, se convertirá en Título 1.

Hiperenlace

Para insertar un hiperenlace, introduzca Ctrl o CMD + K, el texto entre corchetes y el hiperenlace entre los corchetes habituales.

Vista gráfica

Para abrir la vista gráfica en la interfaz de notas, pulse Ctrl o CMD + G

Abre Quick Switcher (explorador de archivos)

Si pulsas Ctrl o CMD + O, se inicia una búsqueda rápida de archivos.

Cambiar entre modo edición y modo vista

Para iniciar el modo de edición, pulse Ctrl o CMD + E

Texto tachado

Para tachar texto, debe encerrar la frase con "~~". Por ejemplo: "~~Me gusta comer arroz~~.

Resaltar texto

Para enfatizar un texto, debe encerrar la frase con un doble signo "igual". Por ejemplo: "==Me gusta comer arroz==.

Texto subrayado

Como el subrayado no está integrado por defecto en la aplicación, tendrás que instalarlo a través de la sección de complementos de la comunidad, como se explica en la sección de complementos anterior. Una vez instalado, utiliza Ctrl o CMD + U para iniciar un subrayado. Puede que esto no tenga un aspecto profesional en Markdown, pero es la mejor opción por el momento.

Bloques de códigos

Los bloques de código son útiles por dos razones. En primer lugar, evitan que su editor compile el código. En segundo lugar, el código se suele resaltar correctamente para la sintaxis.

Utilice la tecla ` (después introduzca el lenguaje de programación) seguida de algún código para insertar código. Por ejemplo

"HTML

Pegue el código aquí` "

Añadir la lista de control

Para añadir una lista de control en Obsidian, utilice - [ ]

Por ejemplo,

- Nombre

- [ ] Dirección

Selección de un tema

Con toda la información que has recibido hasta ahora, estás en el buen camino para crear tu primera nota. Después de instalar y crear una bóveda, ahora tienes que elegir el mejor tema para tu interfaz Obsidian. En primer lugar, tienes que decidir si quieres tu aplicación en modo claro u oscuro. Cómo elegir el tema deseado,

Paso 1: Vaya a la sección **Configuración** como se muestra arriba

Paso 2: Haga clic en la subsección "**Aspecto**".

Paso 3: Utiliza el menú desplegable para elegir entre el tema claro y el oscuro.

Para personalizar aún más el tema actual, utilice el botón Atrás para volver a la sección Configuración. A continuación, haga clic en la subsección **Temas comunitarios**.

A continuación, haga clic en **Utilizar** para aplicar su tema favorito. Nota: Algunos temas sólo pueden utilizarse para determinados modos de tema.

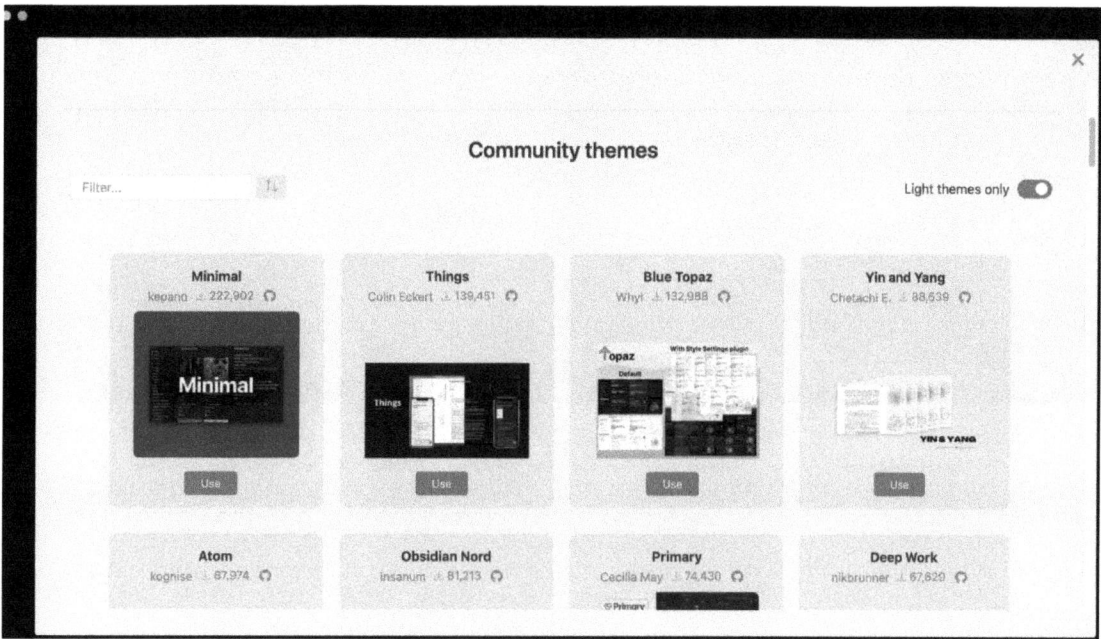

Configure sus carpetas

Después de crear la bóveda, el siguiente paso es crear carpetas (que no son obligatorias). En lugar de crear estructuras de archivos para tus notas, puedes utilizar enlaces y backlinks si lo consideras útil. Sin embargo, para crear una carpeta.

Paso 1: Haga clic en el explorador de archivos situado en la esquina superior izquierda.

Paso 2: Seleccionar nueva carpeta

Paso 3: Personaliza el nombre según tus deseos

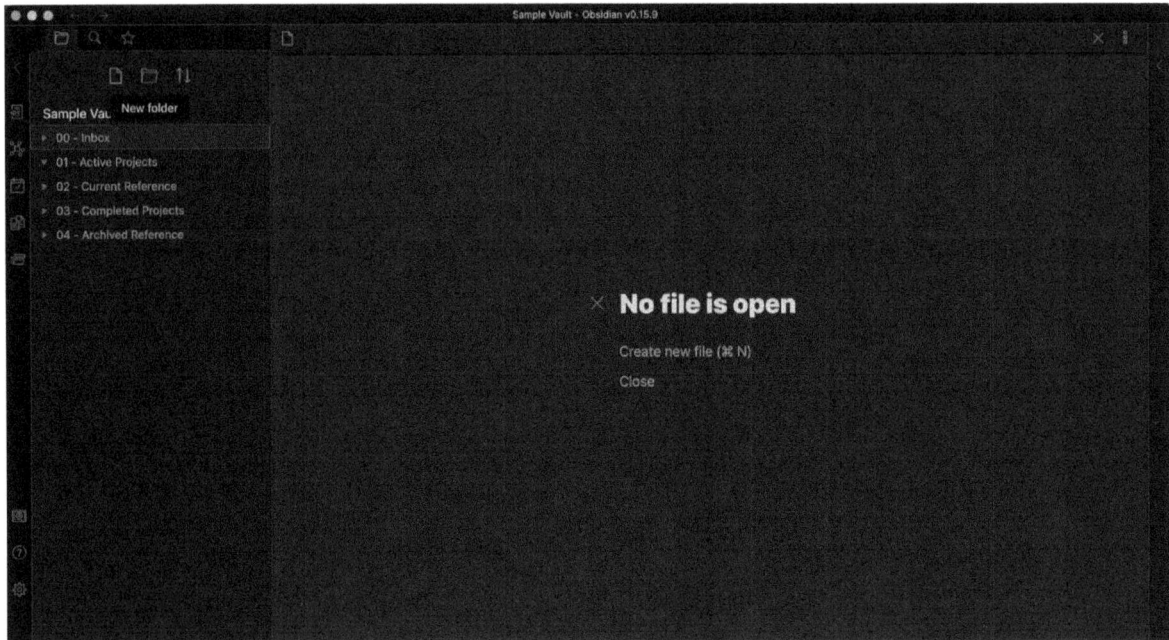

Cree su primera nota

Como principiante, tienes dos maneras fáciles de crear automáticamente una nueva nota. En primer lugar, puedes ir por el camino largo haciendo clic en el explorador de archivos en la zona superior izquierda de la interfaz de Obsidian y luego seleccionando la pestaña Nueva nota o simplemente pulsando CMD o Ctrl + N en el teclado.

Y lo que es más importante, puedes crear un enlace a través de la aplicación o a través de un enlace

A continuación, elige un nombre para tu nota y guárdala en la memoria local de tu sistema con el nombre {nombre.md.}.

A continuación, puede empezar a escribir su nota. Durante el formateo, puedes aplicar al texto viñetas anidadas, encabezados, listas, viñetas y resaltado.

Nueva nota a través del enlace

Cuando se trabaja en Obsidian, una de las formas únicas de crear una nota que ahorra tiempo es crear una nota a través de un enlace. Esencialmente puede enlazar a una nota que aún no existe. Esto es fantástico si estás trabajando en una nota y te das cuenta de que necesitas crear otra nota, pero no quieres llenarla de inmediato. Sólo tienes que crear un nuevo enlace y darle el nombre que quieras darle a la nueva nota.

¿Le parece complicado? Permítanos crear una ilustración para mostrarle cómo funciona.

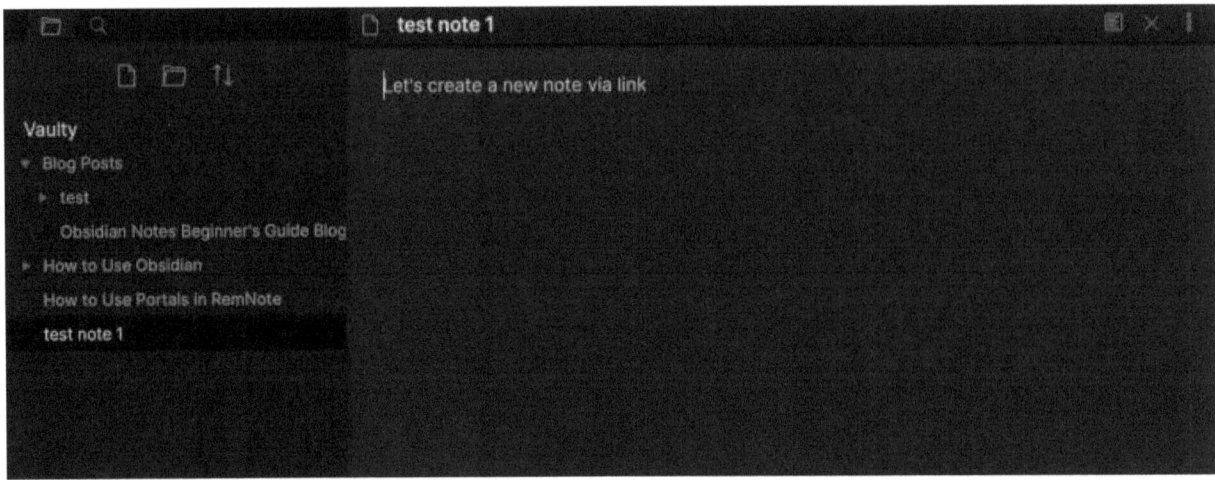

Tenemos una pequeña nota ahí arriba.

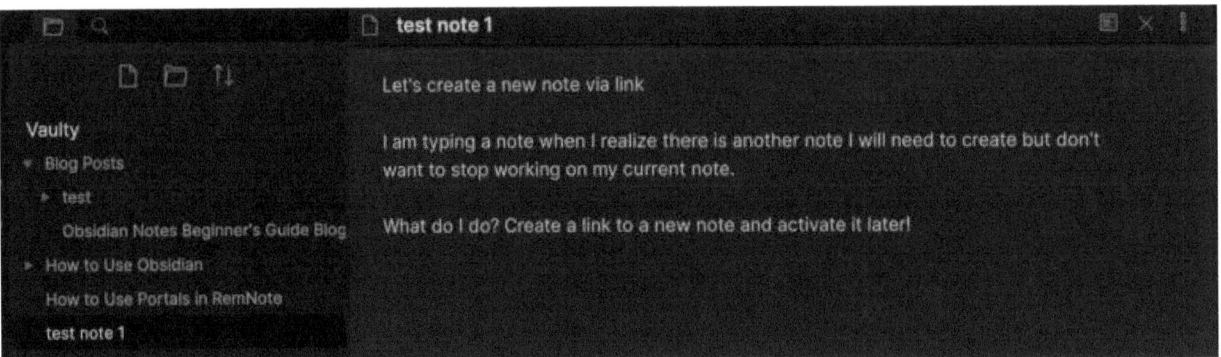

Supongamos que estás trabajando en tu nota y te das cuenta de que necesitas hacer otra nota. Pero no quieres interrumpir lo que esté haciendo. ¿Qué puede hacer entonces? Cuando estés listo para completar esta nueva nota, puedes crear un nuevo enlace a una nota que aún no existe y activarlo.

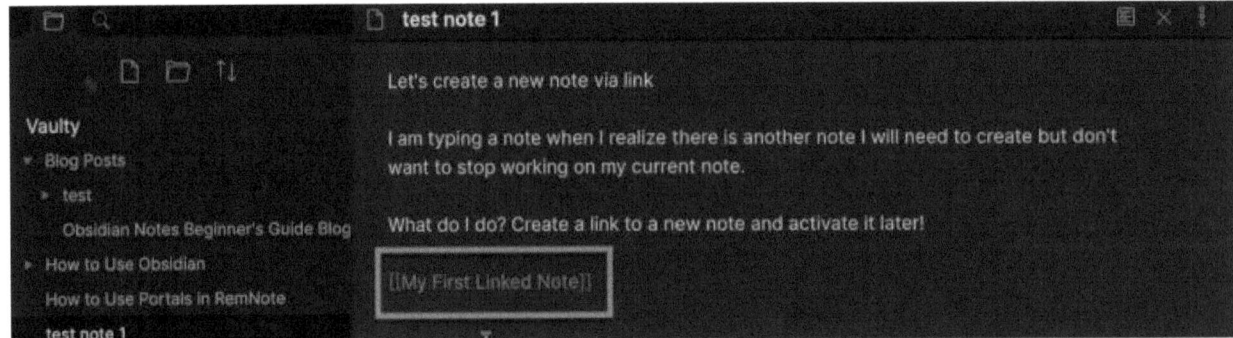

El nombre del enlace o nota, dos llaves de apertura ([[) y dos llaves de cierre (]]) son el orden en el que se crean los enlaces en Obsidian.

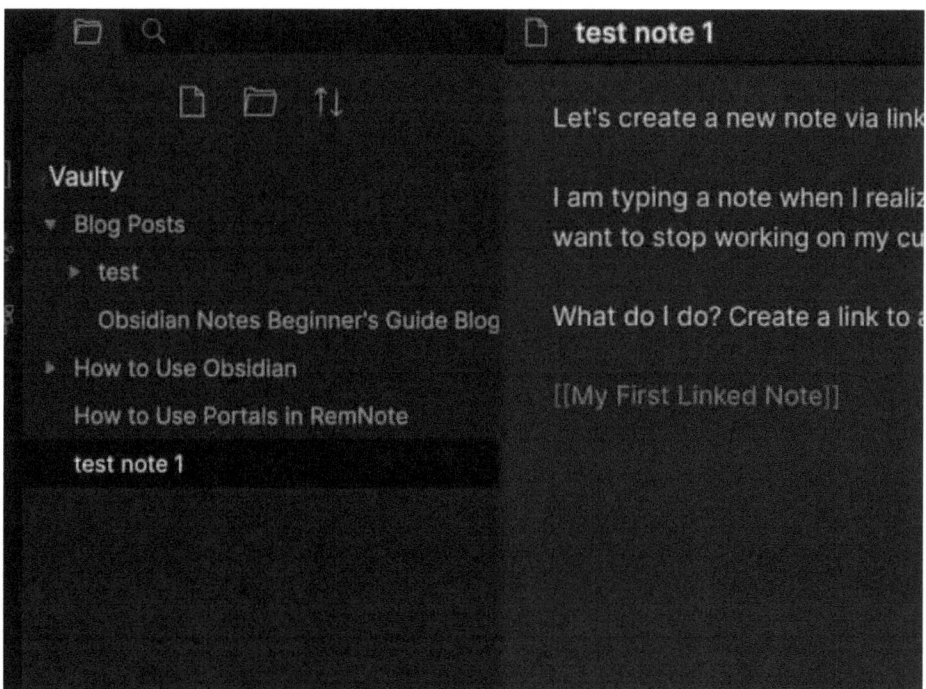

De este modo, se vincula una nueva nota que aún no existe. Aunque el enlace puede verse en la captura de pantalla anterior, la nota no aparece en la lista de notas de la parte izquierda. Esto es así para poder crear el enlace, lo que requiere hacer clic en él.

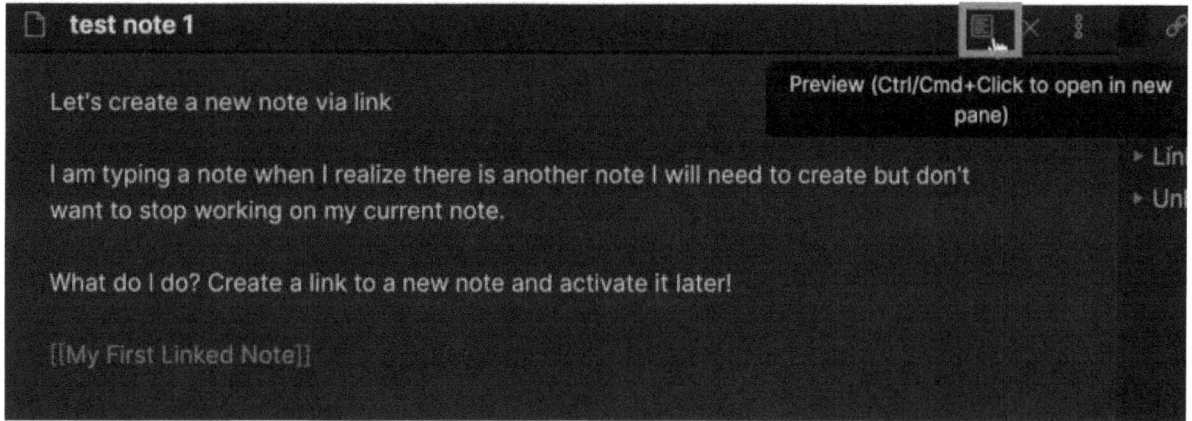

Es mejor hacer clic en el enlace después de haber cambiado el modo de edición de la nota actual al modo de vista previa. En la parte derecha de la barra de título de la nota hay un botón con el que puedes cambiar entre el modo de vista previa y el de edición, como se muestra en la imagen anterior. Mientras el documento se muestra con el formato especificado en el modo de vista previa, puedes escribir y modificar el documento en el modo de edición.

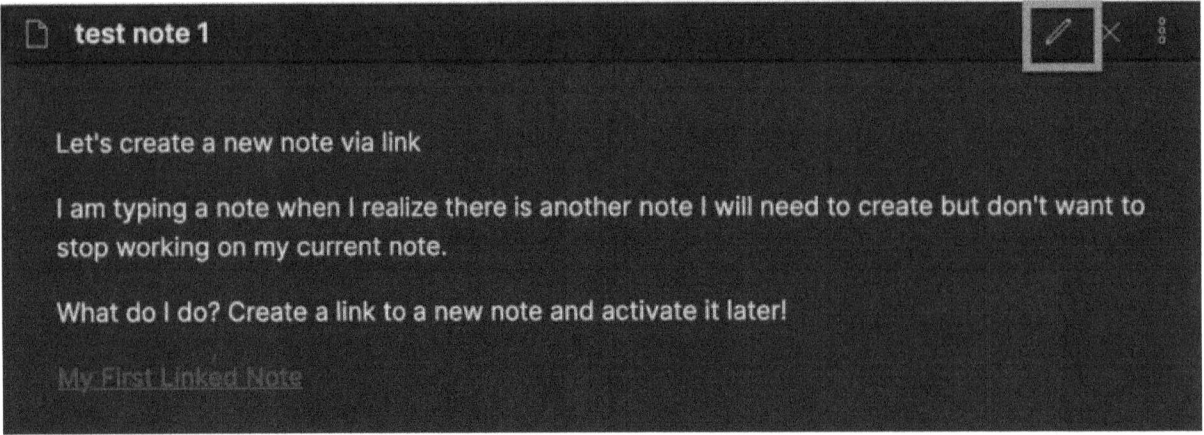

Pulsa el interruptor de palanca. Ahora su pantalla debería parecerse a la de arriba. El botón de alternancia ha cambiado a un icono de lápiz que, al pulsarlo, volverá al modo de edición, y el enlace ya no tiene llaves rizadas. Haga clic en el enlace de la nota para crear una nueva nota.

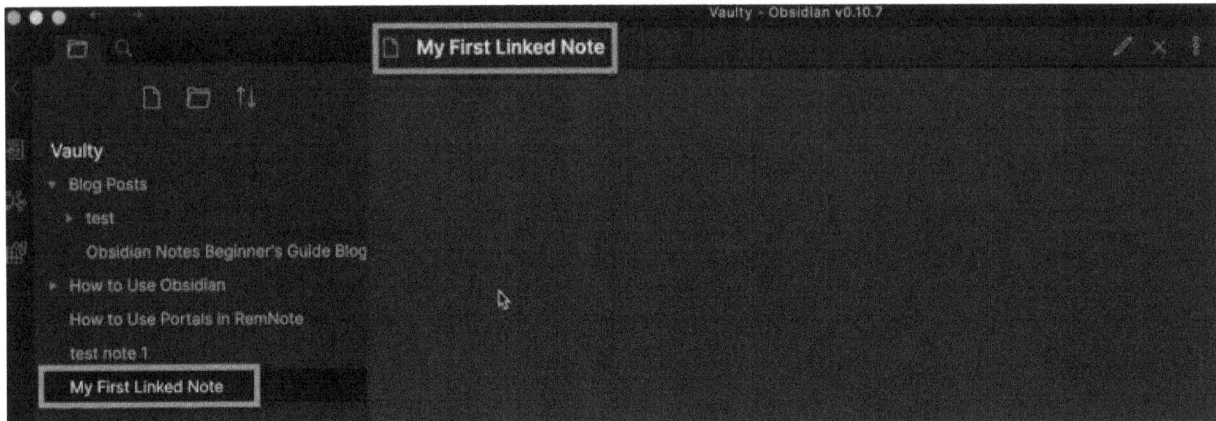

Su nueva nota aparece en la ventana principal y en la barra de notas. Haz clic en el icono del lápiz para modificar tu nueva nota y, a continuación, introduce el contenido.

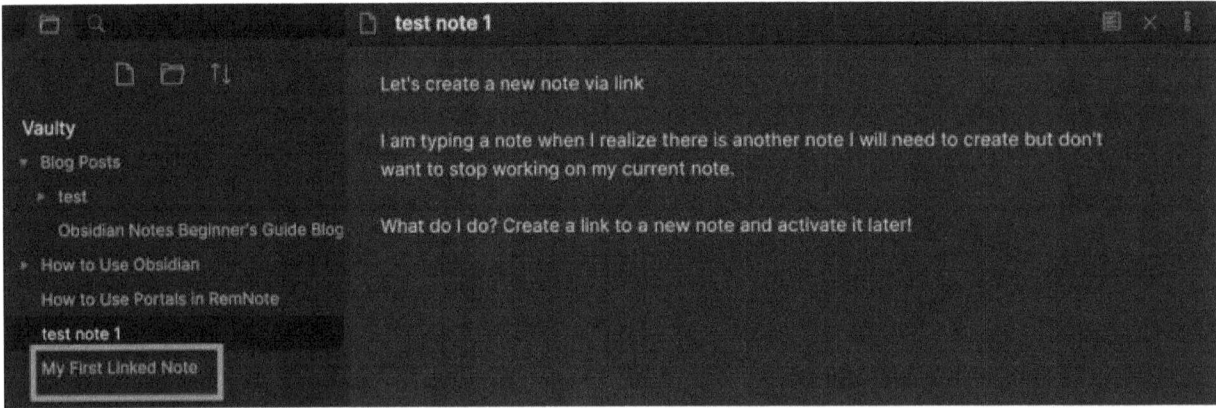

Lo sorprendente es que incluso si eliminas el enlace de la página original, como se muestra arriba, ese documento sigue estando disponible. Esto me salva la vida porque a menudo tengo ideas para nuevas notas que necesito escribir, pero no quiero interrumpir el trabajo en la nota actual. Si tienes un proyecto para el que sabes que necesitas ciertas notas para determinados componentes del proyecto, esta estrategia de vinculación también funciona bien. Todos los documentos necesarios pueden vincularse a una página principal del proyecto. Simplemente haga clic en el enlace cuando esté listo para completar estas notas.

Organizar las notas

En Obsidian, puedes arrastrar y soltar tus notas en una carpeta de tu elección. Para arrastrar el título de la nota a una carpeta, mantén pulsado el título de la nota en el lado izquierdo.

Ahora que hemos terminado con lo básico, podemos pasar a otras acciones importantes que puedes realizar en la aplicación Obsidian.

Para buscar texto en una nota

Buscar cosas manualmente puede ser desalentador, aunque conozcas el nombre. Pero no tiene por qué serlo. Lo mejor suele ser comprobar todas las notas, pero incluso eso lleva mucho tiempo.

Tomemos como ejemplo a Bob Uecher. Hizo un comentario memorable sobre las bolas de nudillos. Digamos que lo necesitas y no puedes recordar la frase exacta, pero sabes que Uecher la hizo, así que cuando escribimos "Uec" en Obsidian, aparece esto:

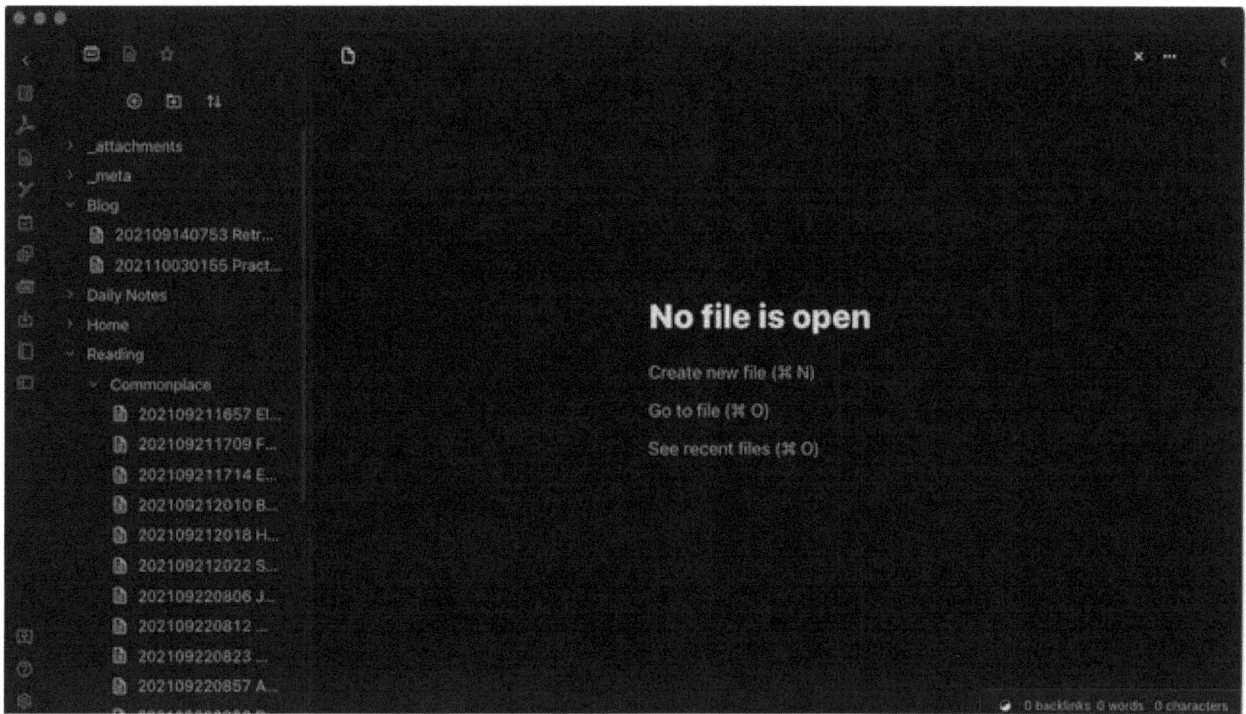

Así llegamos al resultado que se ve en la captura de pantalla:

Paso 1: Haga clic en el campo "Buscar".

Paso 2: Introduzca **"uec"** en el campo de búsqueda.

Paso 3: En los resultados de la búsqueda, seleccione el golpe cuya nota desea visualizar.

Paso 4: El texto que buscas se ha resaltado en amarillo en la nota, como puedes ver.

Utilizar datos de notas para la búsqueda rápida

Obsidian tiene las mismas funciones de búsqueda de notas por fecha que Evernote. Obsidian utiliza los datos del archivo para esta búsqueda. Sin embargo, puede acceder a Evernote y cambiar la fecha de creación de una nota. Esto también era útil porque a menudo comparabas la fecha de creación de una nota con la fecha de un documento. En este punto, puede utilizar una tecla de acceso rápido en Obsidian para encontrar la fecha de creación de una nota. Sin embargo, hay un método más fácil, por lo que hemos incluido el prefijo de formato de cuadro de nota.

Imagina que quieres buscar todas las notas a partir del 3 de octubre de 2021. Tenemos que introducir lo siguiente en la barra de búsqueda, suponiendo que antepones a todos los títulos de las notas el prefijo de tu buzón de notas: 20211003:

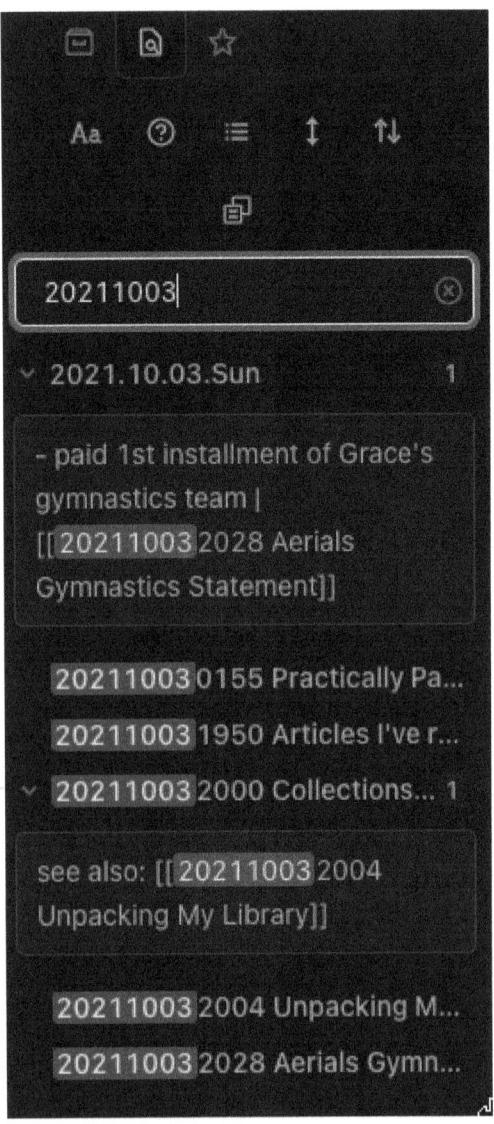

Puede ver que mi búsqueda devuelve seis notas con esta fecha como prefijo. El contenido de una nota puede verse pulsando sobre ella. Una de las coincidencias es la entrada del día 3 de octubre de 2021. La nota aparece en la lista de notas coincidentes aunque no tenga prefijo de casilla de nota porque hace referencia a otra nota que sí lo tiene.

Búsqueda de notas con etiquetas

Puede buscar notas por palabras clave anteponiendo a mi búsqueda "tag:". Si lo deseas, puedes incluir varias etiquetas en la búsqueda. Digamos que quieres buscar notas con las etiquetas #baseball y #lists. Así es como se ve en tu bóveda de Obsidian:

Buscar tareas pendientes

Por último, puedo buscar tareas en función de su estado (completadas, marcadas como "pendientes" o realizadas, según Obsidian). Digamos que quiero buscar todas las notas de octubre de 2021 que contengan tareas sin completar. Este es el aspecto de esta búsqueda en Obsidian:

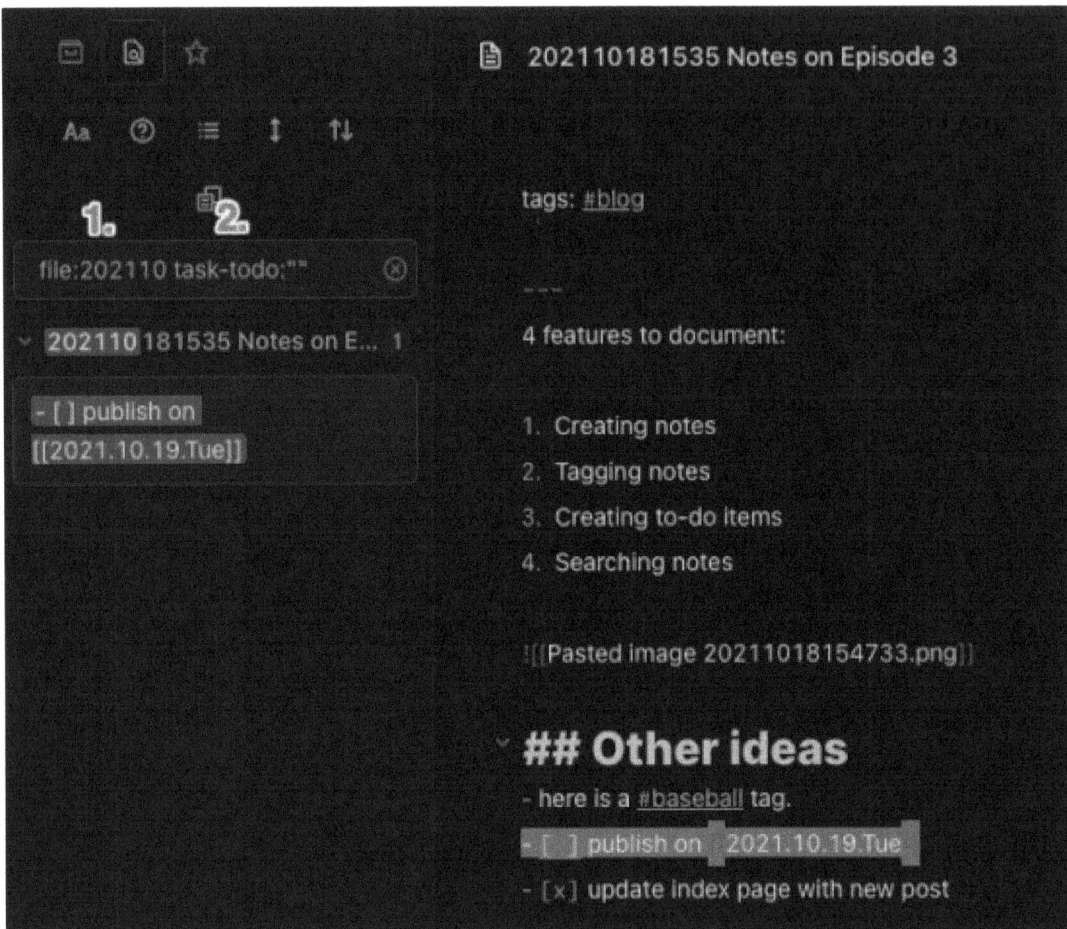

La situación es la siguiente:

Estoy buscando archivos con el nombre 202110, que significa 2021 (año) y 10 (mes).

También busco notas que contengan tareas que aún no se hayan completado: tarea-todo:"

El resultado es una nota, la que escribí al principio de este artículo. El único trabajo inacabado de este mes está subrayado en amarillo en la nota, y el título de la nota empieza con el número 202110.

Áreas de trabajo

Si estás acostumbrado a utilizar un bloc de notas y un lápiz óptico para tomar notas, comprenderás que a veces puede resultar difícil, sobre todo cuando necesitas encontrar un escenario para sostener el bloc de notas o el iPad a la altura de los ojos mientras trabajas para no perder de vista tu desarrollo. Eso es lo que intenta solucionar la función de espacio de trabajo. Cuida y organiza tu flujo de trabajo.

Sin embargo, primero debe activar el plug-in antes de poder iniciar el proceso.

Para ello,

Paso 1: Vaya a la sección de complementos del núcleo (consulte los detalles de los complementos del núcleo para saber cómo encontrarlos)

Paso 2: Busque los **espacios de** trabajo y haga clic en el control deslizante para activarlo (una vez activado, aparecerá el botón **"Gestionar espacios de trabajo"** en la barra de herramientas de la izquierda).

Paso 3: Haga clic en Salir de la configuración para salir.

Paso 4: Puede asignar un acceso directo al área de trabajo utilizando la sección Crear acceso directo.

Una vez activado, puede organizar las vistas y ventanas que utilice exactamente como desee y guardar esta disposición como un espacio de trabajo personalizado. Lee la sección [[Vista dividida]] anterior para saber qué puedes hacer. Puedes seleccionar la vista preestablecida haciendo clic en "Gestionar espacios de trabajo" cuando vuelvas a utilizarla.

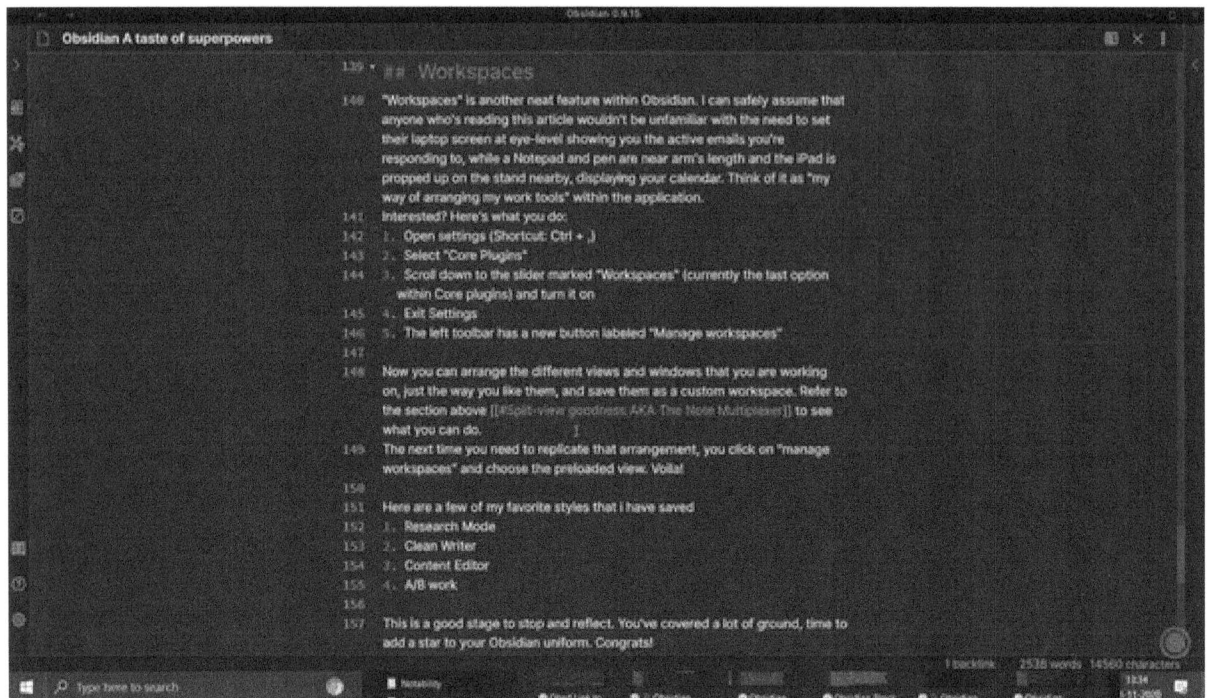

Estilos comunes de Obsidian

A continuación se explican algunos estilos útiles y sus usos:

Modo editor

Este estilo se utiliza para revisar artículos y notas. A continuación puede ver una captura de pantalla de su aspecto.

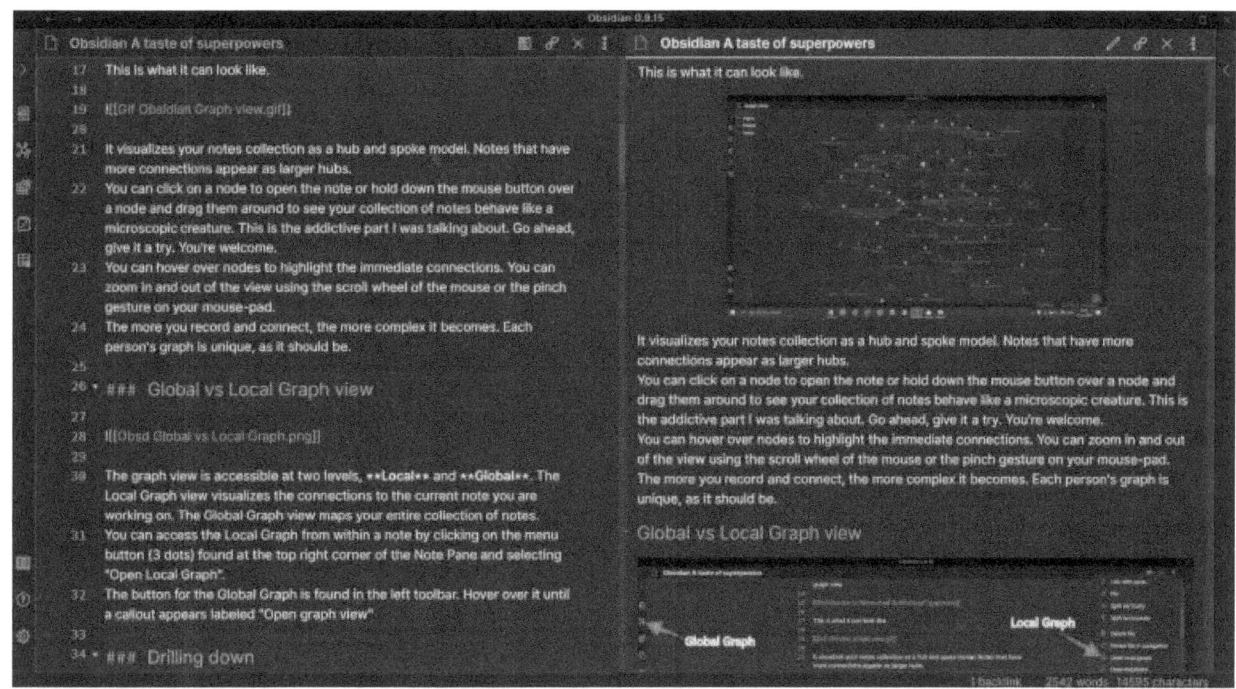

Modo de investigación

Este estilo es adecuado para la lluvia de ideas. A continuación puede ver un resumen del aspecto de la interfaz:

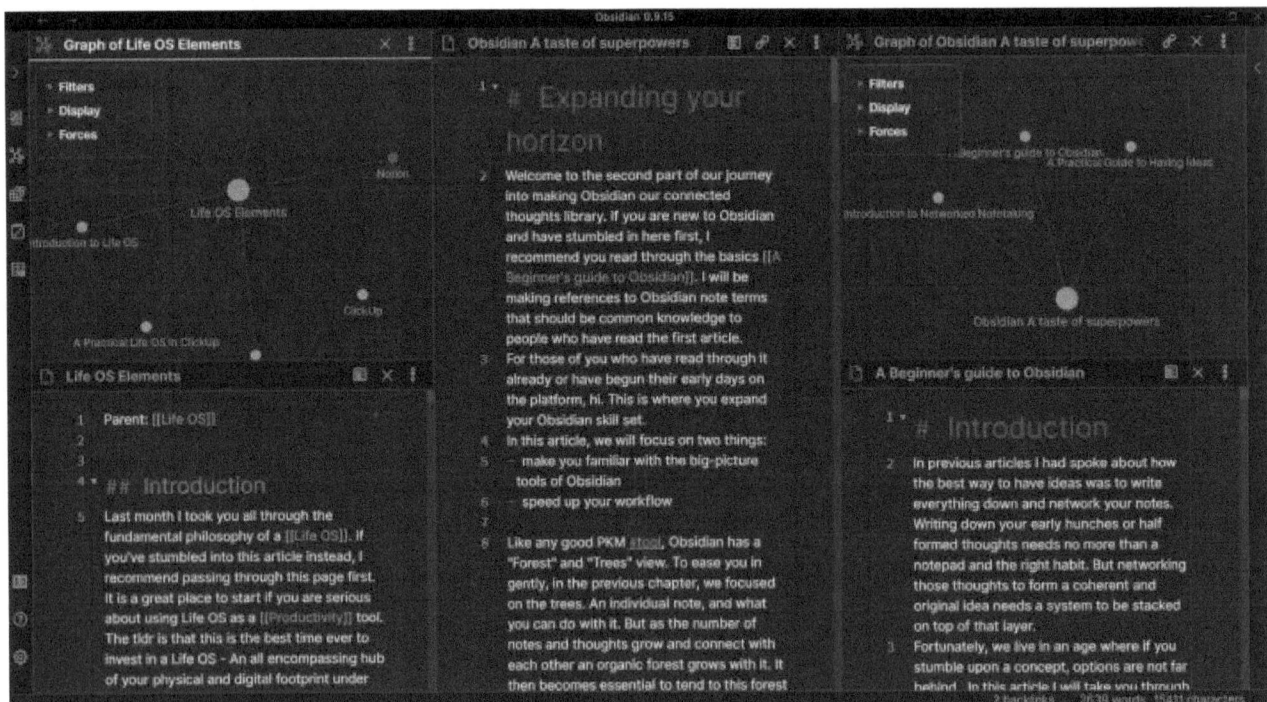

Escritor limpio

Como su nombre indica, Agua Limpia es un estilo libre de distracciones adicionales. Para mantener la concentración al crear contenidos en profundidad

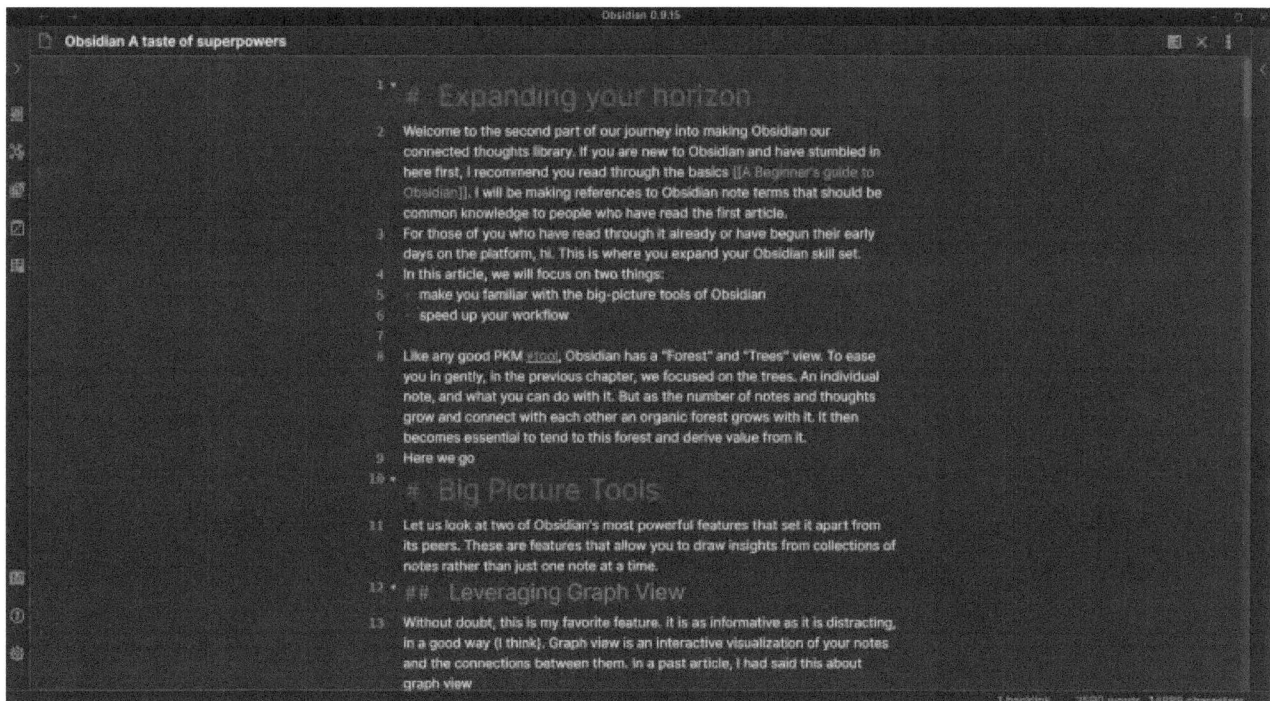

Modo A/B

Puede utilizar este estilo para comparar. Es útil si desea comprobar la diferencia entre dos versiones de las mismas notas.

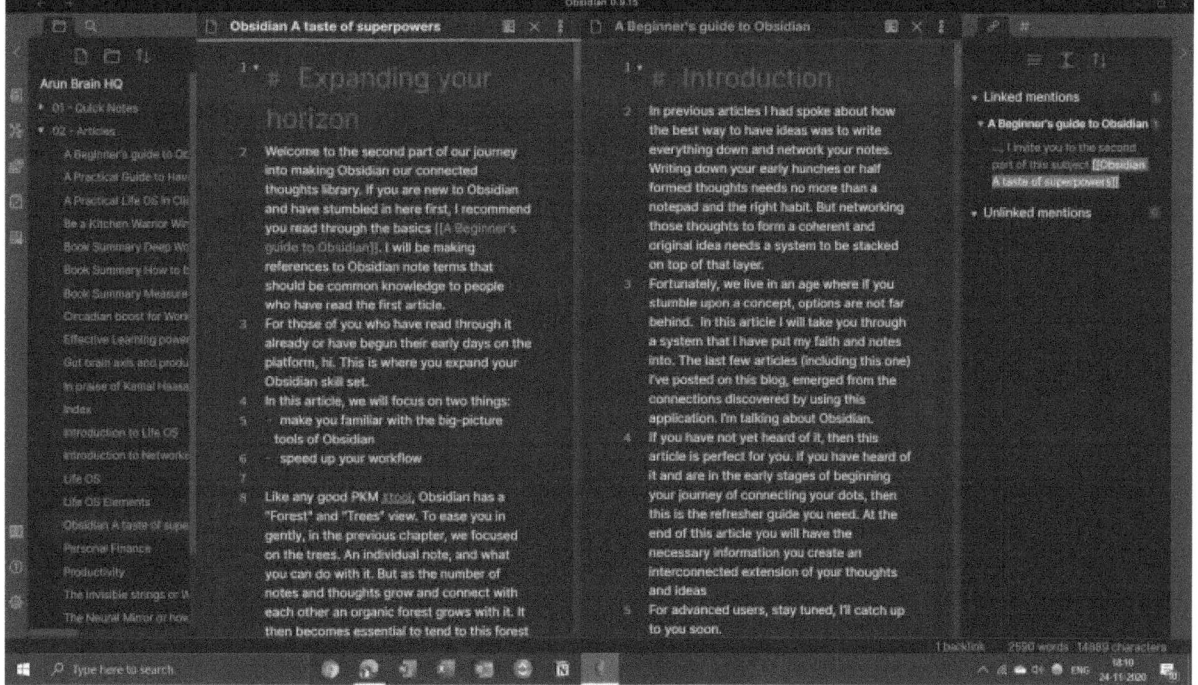

Edición de texto

Aunque hemos destacado algunos atajos y aspectos básicos de la edición de texto, es obvio que dar formato al texto en Obsidian es diferente del Bloc de notas y otros procesadores de texto como MS Word. Pero el hecho es que usted necesita la rica colección de características de formato de texto que están disponibles principalmente en Markdown.

Obsidian utiliza Markdown para la edición de texto en su lugar. La sintaxis Markdown permite el uso de símbolos que pueden ser leídos como formato de texto dentro del texto. Aunque puede parecer difícil, vamos a explicar algunos conceptos básicos en la siguiente sección.

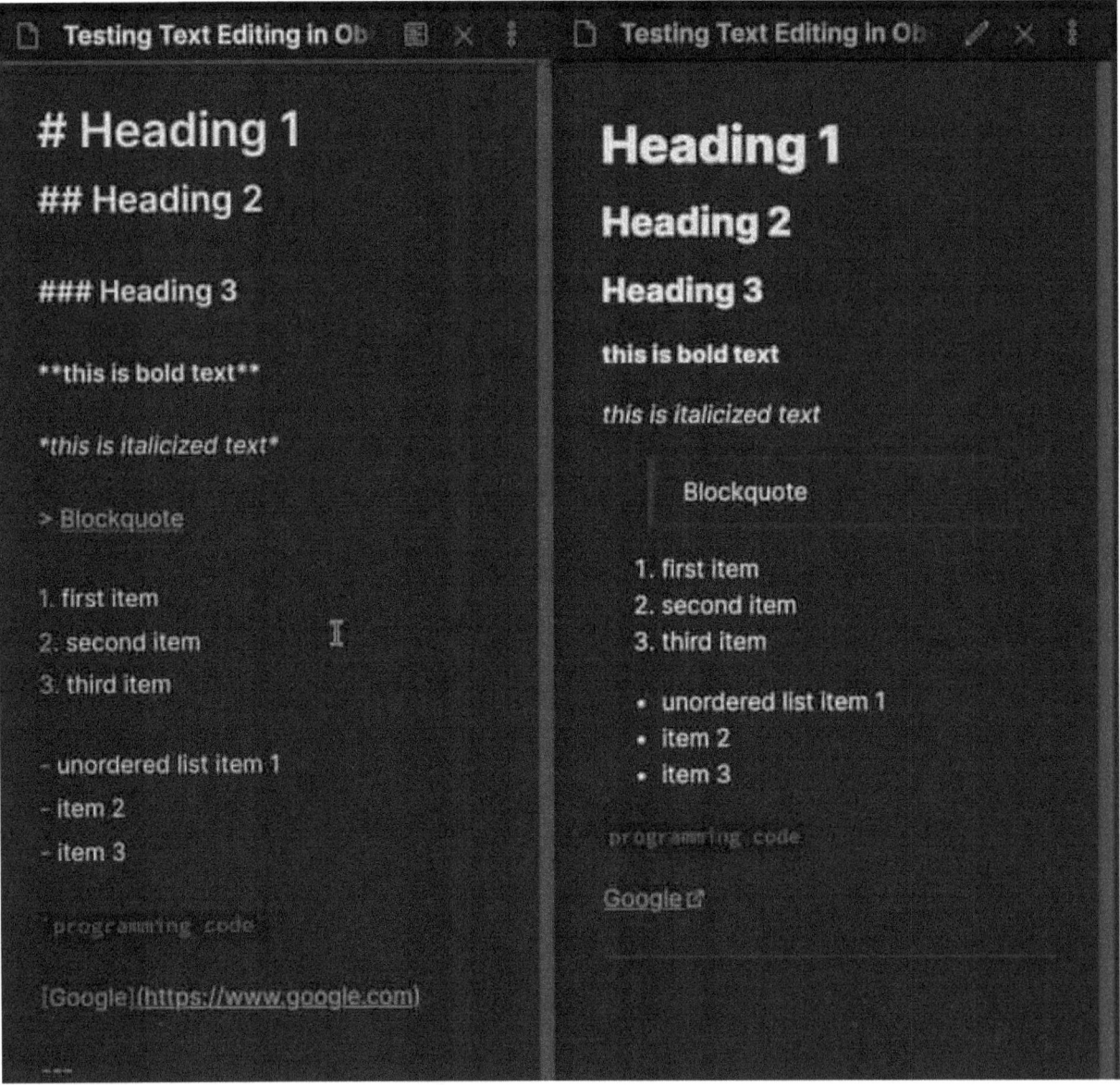

La zona derecha de la captura de pantalla anterior muestra el formato del texto, y la zona izquierda muestra cómo afecta a la fuente Markdown. Desde luego, no parece tan desalentador.

Visión dividida

Como su nombre indica, la vista dividida te permite abrir varias notas al mismo tiempo. Obsidian lo consigue dividiendo la ventana en tantas vistas de notas/gráficos como desee, en lugar de abrir diferentes pestañas al mismo tiempo como en otros programas de tratamiento de textos como Microsoft Word.

Para activar la vista dividida, proceda del siguiente modo:

Paso 1: Debes decidir si quieres dividir la pantalla vertical u horizontalmente. Así que vaya a la zona superior derecha y haga clic en los tres puntos, seleccione división horizontal o vertical.

Paso 2: Seleccione un nuevo diagrama o una nota de la opción.

Paso 3: Una vez abierto, puedes abrir un backlink haciendo clic con el botón derecho del ratón sobre él ([[**Backlink**]]) y pulsando "**Abrir en una ventana nueva**". "

Paso 3: Para seleccionar una nota en la vista de diagrama, mueva el puntero del ratón sobre la nota, mantenga pulsada **la tecla Ctrl** y **haga clic**.

Paso 4: Siga las instrucciones anteriores para asignar un enlace a su vista dividida.

Lo mejor de todo es que puedes utilizarlo literalmente en cualquier tamaño de pantalla y abrir hasta 4 notas sin sobrecargar los menús de la IU de tu sistema.

A continuación puedes ver una captura del aspecto que tendrá tu pantalla.

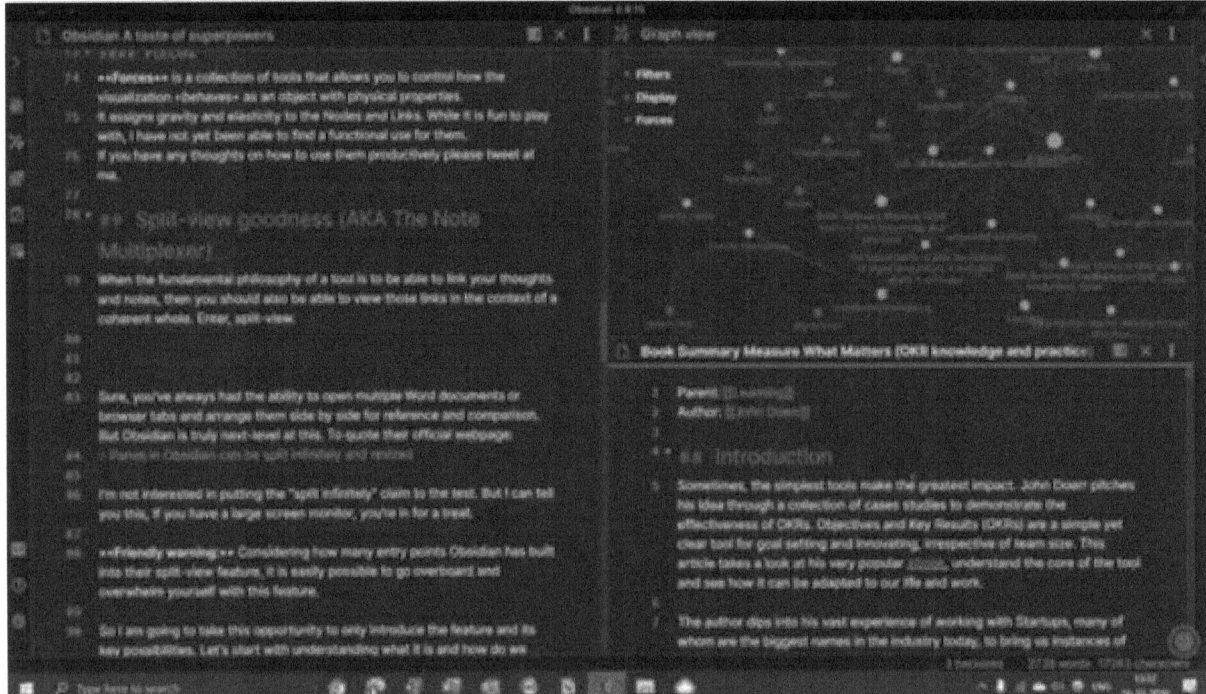

Nota: Dado el número de puntos de acceso que Obsidian ha incluido en su funcionalidad Split View, es fácil abusar de ella y agobiarse.

Así que sólo aprovecharemos esta oportunidad para describir su funcionalidad y las aplicaciones más importantes. Empecemos por entender qué es y cómo se utiliza.

¿Por qué es importante una visión compartida?

La razón de la vista dividida no puede ser exagerada, y los usuarios frecuentes de tal opción, como los programadores, probablemente saben lo importante que es para la idealización. Sin embargo, aquí hay algunas razones por las que necesita una pantalla dividida de Obsidian.

- La vista dividida es una excelente herramienta de investigación. Tanto si estás creando un nuevo contenido como si estás comentando un contenido publicado anteriormente, no hay nada mejor que tener abiertas las notas relacionadas para acceder rápidamente a "bloques que se pueden enlazar" y "citas que se pueden citar para añadir profundidad y credibilidad a tu material". "
- Una vista dividida es útil cuando se trabaja con mapas de contenido. Otro post explorando conceptos y aplicaciones más avanzadas de Obsidian es necesario para iluminar esta metanota. Pero por ahora, los mapas de contenido pueden ser considerados como una página de inicio para las notas sobre un tema más amplio.
- Abre una nota vacía y una vista dividida de tu gráfico local para ver las conexiones que estás creando en tiempo real. Esto te permite distinguir las conexiones que llevan a notas que ya se han creado de las que se refieren a notas que aún no se han escrito.
- La vista dividida puede ser útil si quieres crear un tablón de ideas o repasar un tema aburrido.
- Con dos piezas de información abiertas en una única interfaz, puedes trabajar en un entorno libre de distracciones cuando necesites revisarlas o compararlas y contrastarlas.
- La vista gráfica y la vista dividida son dos de las características únicas de Obsidian que te permiten editar tus notas simultáneamente. La optimización de procesos es la otra cosa que debes tener en cuenta para salir adelante en Obsidian.

Cómo importar archivos

Puedes importar cualquier tipo de archivo, pero como principiantes podemos limitarnos a los archivos más importantes con los que vas a trabajar, como audio, vídeos, imágenes y PDF. Sin embargo, debes asegurarte de que el contenido se encuentra en la carpeta de archivos adjuntos. Es una práctica común crear una carpeta de archivos adjuntos y almacenar todo su material en ella. Una vez que tu material esté en la carpeta Obsidian, puedes conectarte a él utilizando la siguiente sintaxis:

Importar imágenes

Hay dos formas de importar imágenes en tu nota: En primer lugar, puedes arrastrarlas y soltarlas o utilizar la sintaxis Markdown. Los siguientes formatos de archivo de imagen se pueden importar en su nota Obsidian: PNG, JPG, JPEG, GIF, BMP y SVG

Arrastre la imagen a la interfaz de notas

Tras arrastrar y soltar, Obsidian coloca automáticamente el archivo importado en la carpeta de archivos adjuntos. Sin embargo, te sugiero que crees una carpeta para que tus notas sean más claras y menos engorrosas.

A continuación encontrará instrucciones paso a paso para arrastrar y soltar su imagen

Paso 1: Añade una sección con la misma nota en modo vista previa después de haber abierto tu nota en modo edición.

Paso 2: Abra una imagen en su almacenamiento local de archivos

Paso 3: Arrastre la imagen al modo de edición de la nota.

Paso 4: Como puede ver en la siguiente figura, la ventana de vista previa debería mostrar la imagen, mientras que el modo de edición muestra la sintaxis de la imagen Markdown.

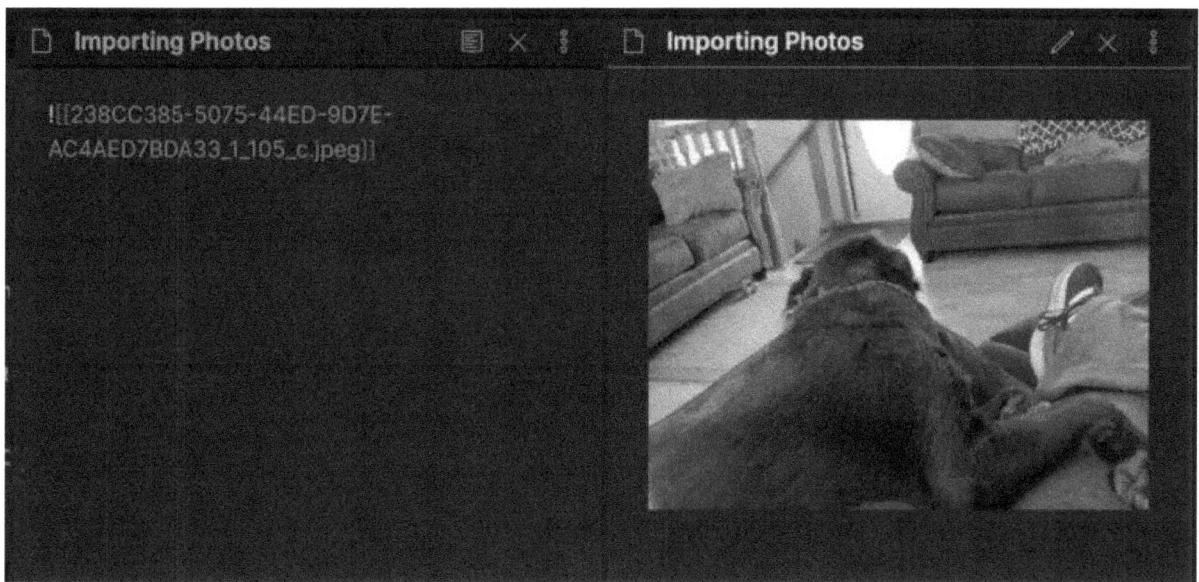

Utilizar la sintaxis Markdown

Lo mejor de usar Obsidian es que las sintaxis son bastante fáciles de recordar. Así que si quieres añadir un archivo de imagen con el formato de archivo al final. Digamos que quieres añadir una imagen guardada con Bexy en formato jpg; tienes que introducir la sintaxis de la siguiente manera: **[Imagen](Bexy. jpg)**

Para ajustar el tamaño del archivo, puede introducir la dimensión en píxeles entre corchetes abiertos y cerrados "()."

Importación de audio y vídeo

Obsidian también te permite arrastrar y soltar vídeos y archivos de audio en la interfaz de notas; todo lo que tienes que hacer es arrastrar al modo de edición y verás el resultado en la ventana de vista previa, como se muestra en la captura de pantalla siguiente. Los formatos de archivo compatibles para audio incluyen Mp3, WebM, WAV, M4a, Ogg, 3gp y FLAC; los archivos de vídeo compatibles incluyen Mp4, WebM y ogv.

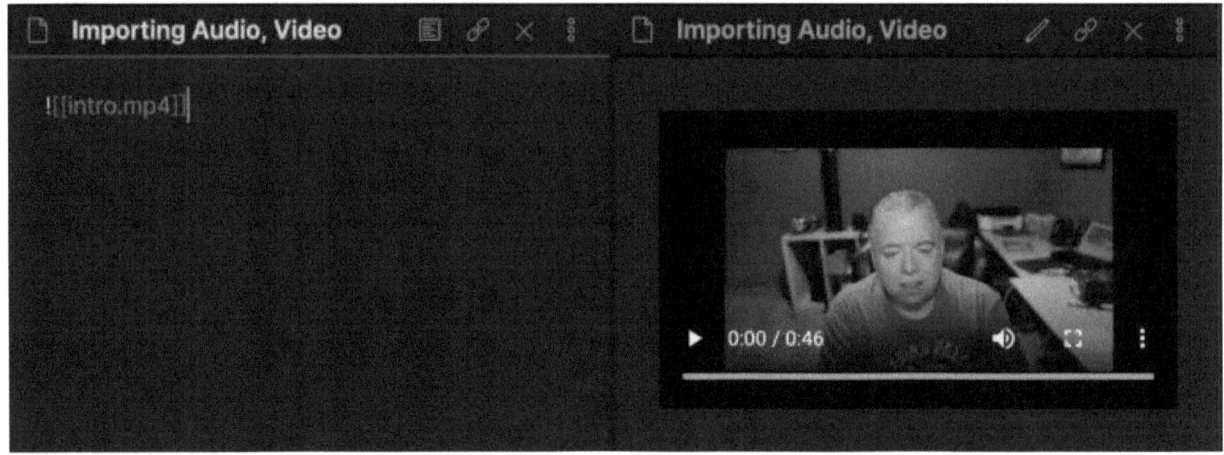

Importar PDF

El procedimiento parece ser casi el mismo para todos los archivos multimedia, pero es ligeramente diferente para los archivos PDF. Como los PDF no pueden incluirse físicamente en las notas, deben aparecer como archivos adjuntos. Esto significa que no verá su archivo PDF real, sino una vista previa del título de su archivo en modo de vista previa.

En la parte inferior izquierda verás un campo con una flecha. Si pasas el puntero del ratón sobre él, verás el mensaje "Abrir en la aplicación predeterminada". En cuanto haga clic en él, su archivo PDF se abrirá automáticamente en el lector de PDF predeterminado de su ordenador.

Gráfico de conocimientos

Cada vez que pulsas la combinación de teclas CTRL + G, el diagrama de Obsidian se coloca en el lugar de tu nota activa. El diagrama muestra visualmente las conexiones y etiquetas entre tus notas y te ayuda a descubrir relaciones entre notas que antes desconocías.

El uso de gráficos de conocimiento es una gran manera de ver cómo las diferentes notas en su Bóveda están conectados. Cuando se empieza a utilizar Obsidian, esto puede no parecer un gran problema. A medida que añades más y más notas y backlinks para vincular la información, el gráfico de conocimiento revelará más y más enlaces, algunos de los cuales pueden no ser inmediatamente obvios.

Hay dos niveles en la vista de diagrama: local y global. Las conexiones con la nota en la que estás trabajando se muestran en la vista "Diagrama local". La vista "Diagrama global" muestra un mapa de todas tus notas.

Seleccionando **"Abrir gráfico local"** mediante el botón de menú (tres puntos) situado en la esquina superior derecha de la ventana de la nota, puedes acceder al gráfico local desde dentro de una nota.

La barra de herramientas de la izquierda contiene el botón Gráfico global. Cuando aparezca el mensaje **"Abrir vista de diagrama"**, mueva el puntero del ratón sobre él.

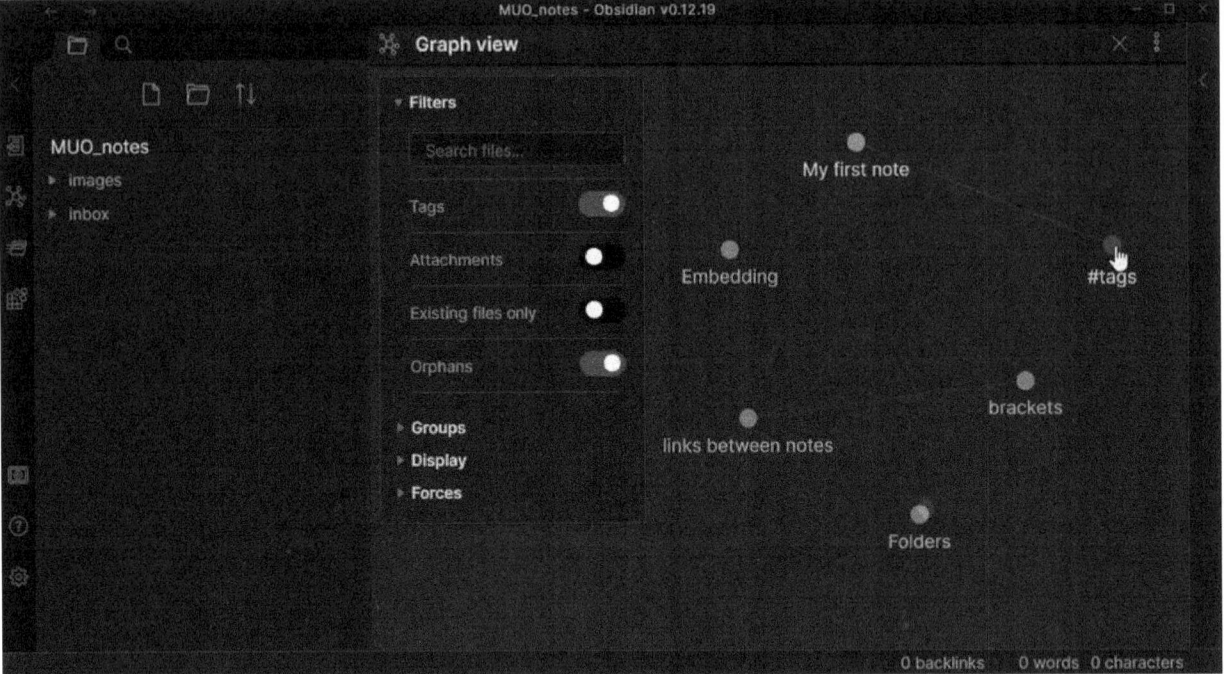

Filtrado de grafos de conocimiento

Filtrar el Knowledge Graph es muy sencillo, pero debe respetar los criterios que se indican a continuación:

- Aquí puede especificarse el número de palabras de la nota.
- Cómo reconocer si la nota contiene etiquetas o no
- Tanto si hay anexos como si no
- Si la nota está etiquetada o no
- Para especificar qué notas son archivos existentes, no sólo enlaces
- Si la nota es un archivo independiente sin referencias a otras notas

Estas funciones se activan en cuanto se pulsa el botón de encendido/apagado

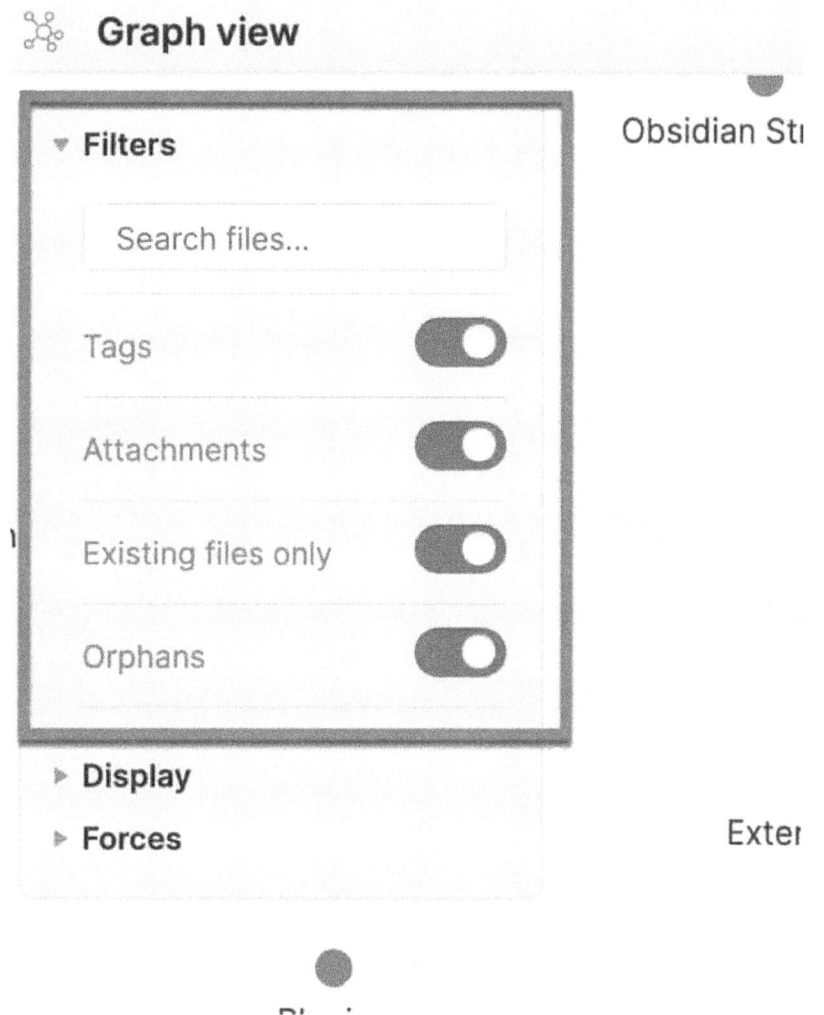

Detalles de la vista gráfica

La vista de diagrama es una representación dinámica de tus notas y de las relaciones entre ellas. Representa la organización de sus notas en forma de centro y radios. Los centros más grandes representan notas más conectadas.

Puedes arrastrar un nodo por la pantalla mientras mantienes pulsado el botón del ratón para ver cómo tu colección de notas se comporta como una criatura microscópica, o puedes hacer clic en un nodo para mostrar la nota.

Si mueve el puntero del ratón sobre los nodos, se resaltan todas las conexiones cercanas. Puede acercar y alejar el zoom con la rueda de desplazamiento del ratón o con el gesto de pellizcar en la alfombrilla del ratón.

Se complica cuanto más se conecta y graba. El diagrama de cada individuo es claro, como debe ser.

Sin embargo, puede consultarse tanto a nivel local como global. Las conexiones con la nota en la que estás trabajando se muestran en la vista "Gráfico local". La vista "Gráfico global" muestra un mapa de todas tus notas.

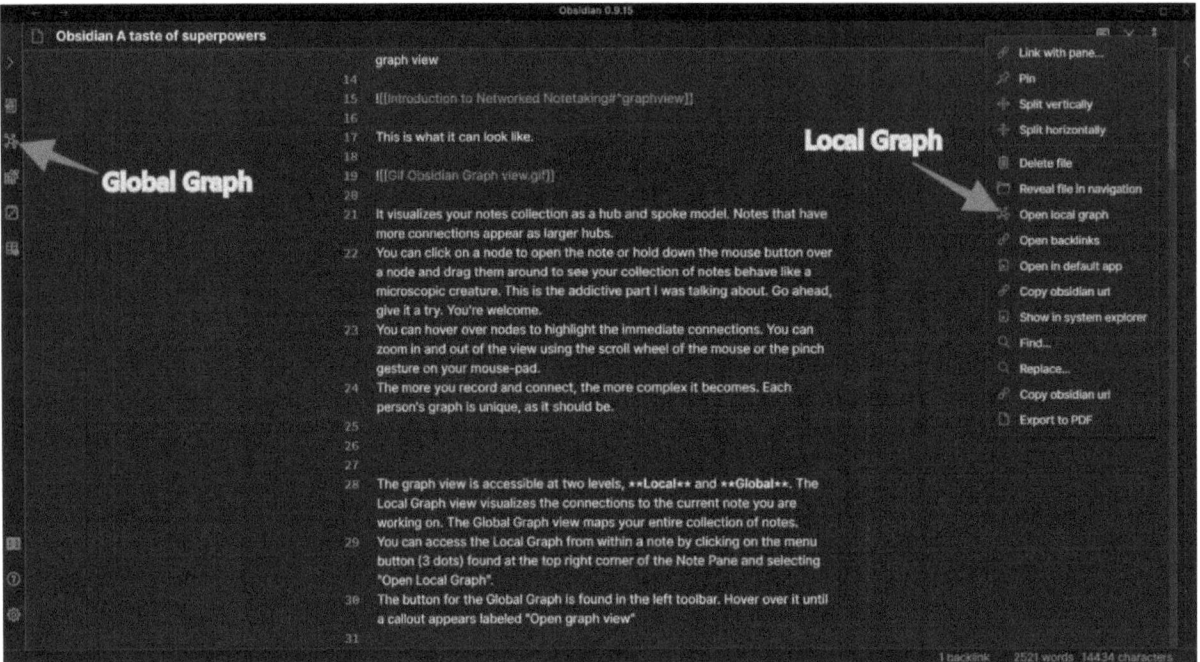

Perforación

La vista de gráfico le ofrece un control más preciso de su anuncio, independientemente de si elige la opción Local o Global. Hablemos de lo que hacen y, lo que es más importante, de cómo puede beneficiarse de su uso.

Una ventana flotante con opciones de herramientas aparece en la esquina superior izquierda al abrir la vista de gráficos. La versión 0.9.11 de Obsidian tiene actualmente tres controles principales: Fuerzas, Visualización y Filtros. Se trata de menús desplegables que cubren los controles correspondientes. Así es como funciona:

Filtros

Los filtros son una de las herramientas más eficaces para obtener información dentro de su colección, ya que le permiten jugar con la amplitud y profundidad de los vínculos entre las notas.

La opción Filtro muestra una serie de opciones diferentes de las vistas Local y Global. Vamos a discutirlas todas.

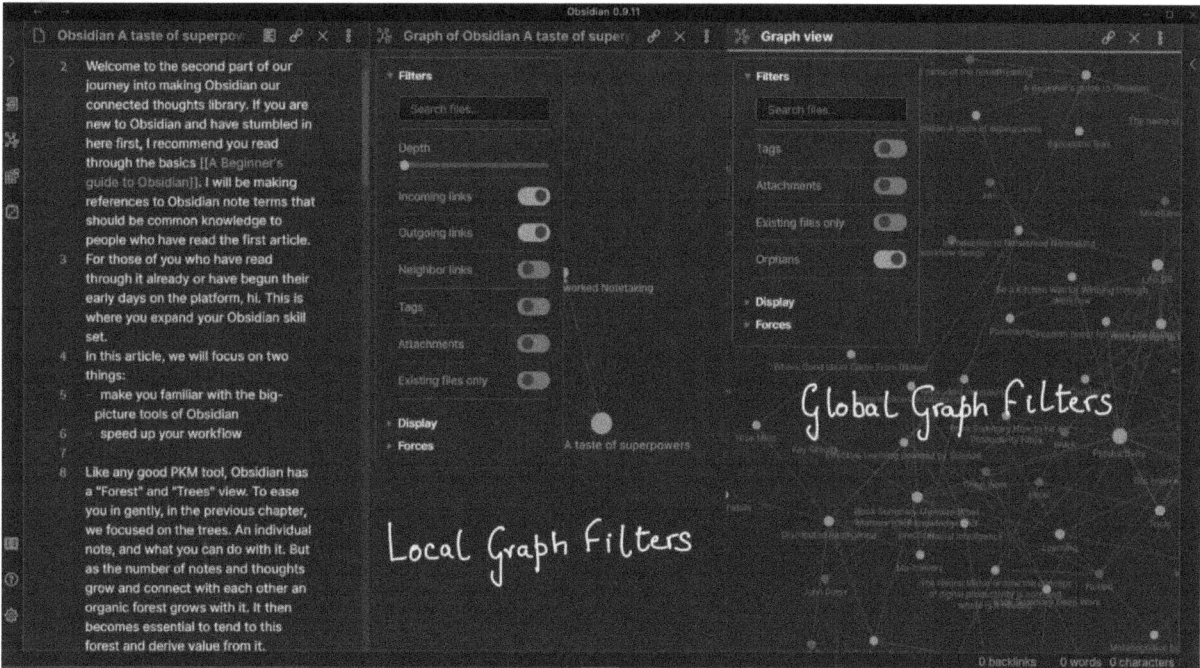

Filtros comunes

Buscar en

En la parte superior del menú encontrará la opción "Buscar", con la que podrá filtrar las notas que contengan el término buscado.

Hay muchos otros casos de uso; un buen ejemplo es la búsqueda de menciones que faltan en las notas, que pueden incluirse en el cluster con la ayuda de backlinks. Otra sugerencia sería la creación de mapas de contenido simplemente copiando y pegando.

Interruptores estándar

Con las opciones generales, sólo puedes mostrar u ocultar etiquetas, archivos adjuntos y archivos existentes. Esta última opción excluye las notas vacías o los marcadores de posición que se crean al crear un enlace a una nota que aún no existe o no tiene contenido.

Extras gráficos globales

Huérfanos

Este botón se refiere a notas independientes que no están vinculadas al resto de su colección.

Esta es una buena oportunidad para revisarlos. Decida si tienen una conexión que debe establecerse manualmente a través de backlinks, o si son el inicio de un nuevo nodo en el que aún deben registrarse pensamientos e ideas relacionadas.

Extras del gráfico local

Profundidad

Puede utilizar este control deslizante para especificar la distancia a la que desea situarse de su nota actual.

Si estás trabajando en un artículo breve sobre un tema limitado, no irías más allá del primer nivel de conexiones. Sin embargo, si estás investigando libremente o buscando ideas, pasarás al segundo, tercer o incluso cuarto nivel de conexiones para ver si hay temas relacionados en la distancia que estimulen tu cerebro.

Enlaces externos e internos

Puede utilizar estos botones para mostrar el tipo de conexión entre las notas enlazadas. Combínalo con el botón "Flechas" en Ajustes de visualización y la relación será más clara.

Esto resulta útil, por ejemplo, cuando se trabaja sobre temas en los que existe un flujo lógico lineal o una relación causa-efecto entre conceptos.

Enlaces

Esta función puede activarse para determinar si los distintos temas del Gráfico local están vinculados entre sí.

Mostrar

Como su nombre indica, puede utilizar esta colección de herramientas para controlar el aspecto de la visualización.

Esto incluye el botón "Flechas", que muestra la dirección en la que están enlazadas las notas. Si los enlaces son bidireccionales, verás una flecha doble.

Puede controlar la visibilidad del texto al acercar o alejar la imagen con la función "Umbral de superposición de texto".

Los controles deslizantes "Tamaño del nudo" y "Grosor de la conexión" son etiquetas obvias y sólo requieren un poco de experimentación antes de decidir qué se adapta mejor a sus necesidades.

Fuerzas

Fuerza es una colección de herramientas con las que puedes controlar cómo se comporta la visualización como un objeto con propiedades físicas.

Asigna gravedad y elasticidad a los nodos y enlaces. Es divertido jugar con ellos, pero puede que ahora sea difícil darles un uso funcional.

Uso de YAML en tu aplicación Obsidian

YAML es un acrónimo y significa "Otro lenguaje de marcado". Sin embargo, se puede utilizar para añadir metadatos a una nota Obsidian. Estos datos pueden ser alias o etiquetas simples. Dado que YAML se oculta en las notas, puede agregar una gran cantidad de información al marcado sin sobrecargar sus notas.

Este es el aspecto de un YAML en una nota Obsidian:

---

aka: [Los 10 mejores planos de Obsidian, por qué Obsidian es el mejor]

tags: [nota,imagen]

Si ha insertado correctamente el archivo YAML en sus notas, los guiones cambiarán de color (por defecto son verdes).

Obsidian acepta por defecto los archivos YAML enumerados a continuación en este orden:

alias \tags \cssclass

Se pueden añadir metadatos YAML adicionales, pero Obsidian no lo soporta de forma predeterminada. Sin embargo, esto todavía puede ser útil si utiliza plug-ins como Dataview.

¿Cómo puedo incrustar páginas en Obsidian?

Si utilizas Obsidian, entenderás que es realmente importante tener una característica como la incrustación de páginas, ya que ayuda a asegurar que las ideas se organizan con la conexión correcta, ya que ayuda a ver todas las páginas en una sola. Esto significa que una vez que el contenido se actualiza en la página original, también se actualizará dondequiera que esté incrustado.

Puedes crear enlaces a otras páginas o bloques alrededor de la aplicación Obsidian. E incluso puedes tener otras aplicaciones exclusivas.

Si desea enlazar una sola página, utilice el botón:

![[Nombre de la página]]

Si sólo desea incrustar un párrafo, puede utilizar la misma sintaxis, pero debe insertar el símbolo "^" después del nombre de la página:

![[Nombre de la página^Bloqueo para enlazar]]

También puede enlazar tanto los títulos como el contenido que contienen. Introduzca lo siguiente:

![[Nombre de la página#Enlace a la página]]

Consultas y búsquedas

Puedes utilizar consultas para buscar en tu Bóveda varias notas que cumplan un requisito específico. Esto es útil si quieres crear un centro para notas específicas. Por ejemplo, puedes etiquetar todas las notas que procedan de vídeos y luego consultar tu bóveda para ver sólo las notas de un creador específico:

Cuando importo la siguiente sintaxis a mi bóveda, aparecen notas en las imágenes creadas por Ben Jonas

"Consulta

#Fotos + Ben Jonas

```

*Buscar en*

Si quieres buscar entre las notas anteriores de tu bóveda, también puedes hacerlo con los siguientes pasos.

Utiliza los atajos de teclado Ctrl+Mayús+F para Windows o Cmd+Mayús+F para Mac. También puedes seleccionar la pestaña "Explorador de archivos" y hacer clic en el botón "Buscar" de la esquina superior izquierda.
```

Enlaces, etiquetas y backlinks

Uno de los puntos fuertes de Obsidian es su poderosa implementación de enlaces. La forma más fácil de vincular en Obsidian es el enlace wiki. Este es un enlace en el texto a otra página en su colección de Obsidian. Usted puede lograr esto mediante el uso de corchetes de la siguiente manera: [[enlace de página]]

También puedes enlazar a bloques específicos insertando un símbolo "^" después del nombre de tu página, así [[enlace de página^bloque al que enlazar]]. Cuando hagas esto, Obsidian mostrará un menú contextual para ayudarte a seleccionar el bloque correcto en tu documento. Puedes enlazar a otras páginas en tu repositorio Obsidian, o puedes usar esto para enlazar a bloques en el documento actual. Esto ayuda al crear contenido de página para documentos grandes.

También puede establecer un enlace a un encabezamiento específico mediante este [[Enlace de página#El encabezamiento]]. Sin embargo, puede insertar un enlace simple en cada nivel que muestre una vista previa cuando pase el puntero del ratón por encima. Alternativamente, también puede incrustar el enlace anteponiéndole un "!" para añadir el extracto correspondiente a su nota existente.

Ya sabemos cómo crear nuevas notas mediante un acceso directo, pero también puedes crear notas nuevas:

- Backlinks a títulos específicos dentro de un documento concreto
- Enlaces a otros documentos
- Enlaces externos

Estas sintaxis de enlace se introducen en el modo de edición. Sin embargo, el modo de vista previa muestra cómo aparecerán en tu nota.

Enlaces internos

Si inicias una nueva nota y pones el título entre corchetes dobles, puedes crear un enlace a una nota anterior. Sin embargo, uno de los superpoderes de Obsidian te permite crear enlaces a notas que todavía no existen. Si todavía no existe una nota con ese nombre, cuando intentes abrir una frase encerrada entre dobles corchetes, Obsidian la creará.

Obsidian funciona como cualquier otro programa de toma de notas, pero además te permite enlazar tus notas con el equivalente de los wikilinks encerrándolas entre dobles corchetes.

Puede utilizar alias para cambiar la apariencia de los enlaces en la vista previa de una nota. Para ello, inserta el carácter de tubo (|) justo después del enlace, seguido del texto alternativo.

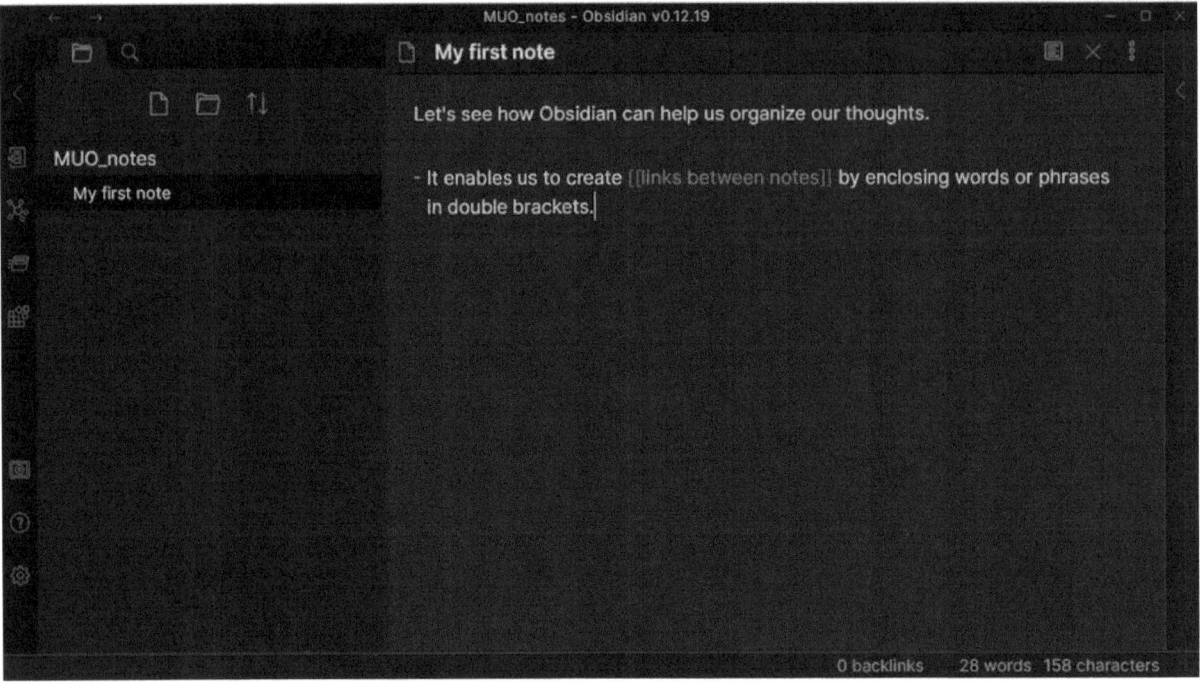

Para diseñar tus notas con encabezados, citas y otros elementos, utiliza el soporte completo de la sintaxis Markdown de Obsidian. Con el atajo de teclado normal CTRL + E puede cambiar entre el modo de edición y vista previa en cualquier momento. Esto es especialmente útil si

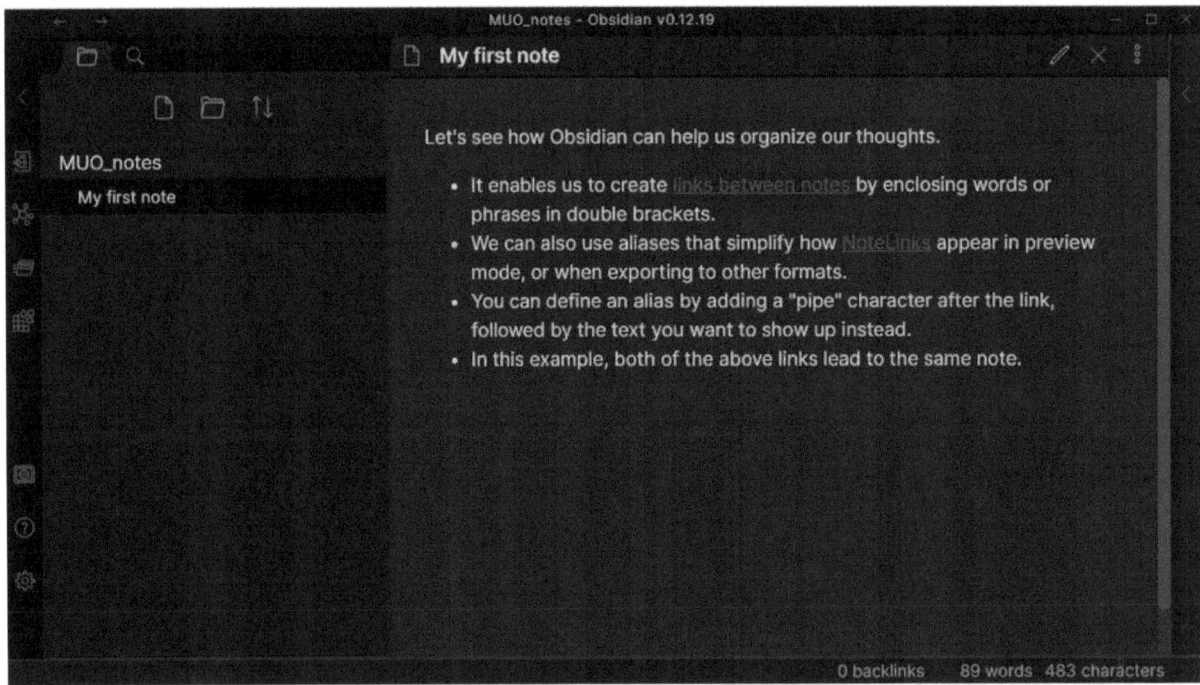

quieres ver una muestra de tu nota en Office, Google Docs o incluso WordPress después de exportarla.

Enlaces de retroceso

Los enlaces son conexiones entre notas que llevan a otras notas de tu Bóveda. Si enlazas con otras notas, todos los enlaces que conducen a la nota activa se muestran en la ventana "Backlinks" de la barra lateral derecha.

El hecho de que Obsidian puede identificar las apariciones del nombre de una nota, incluso si no son enlaces reales, es otra característica fantástica. En la ventana de backlinks, puede buscar cualquier cosa relacionada con la nota activa. Backlinks son importantes por dos razones:

- Fácil acceso a contenidos relevantes
- Gráficos de conocimiento para visualizar las conexiones entre notas

Sin embargo, a continuación encontrarás una explicación de cómo puedes establecer backlinks en Obsidian.

Paso 1: Abra la nota en la que desea crear el backlink.

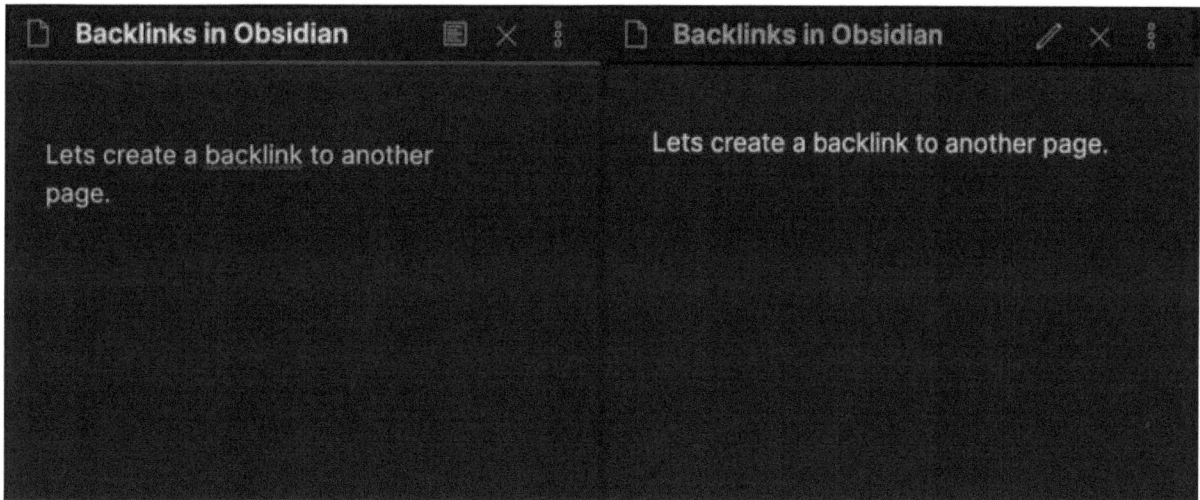

Paso 2: Introduce dos llaves para abrir el selector de notas y selecciona tu nota de la lista.

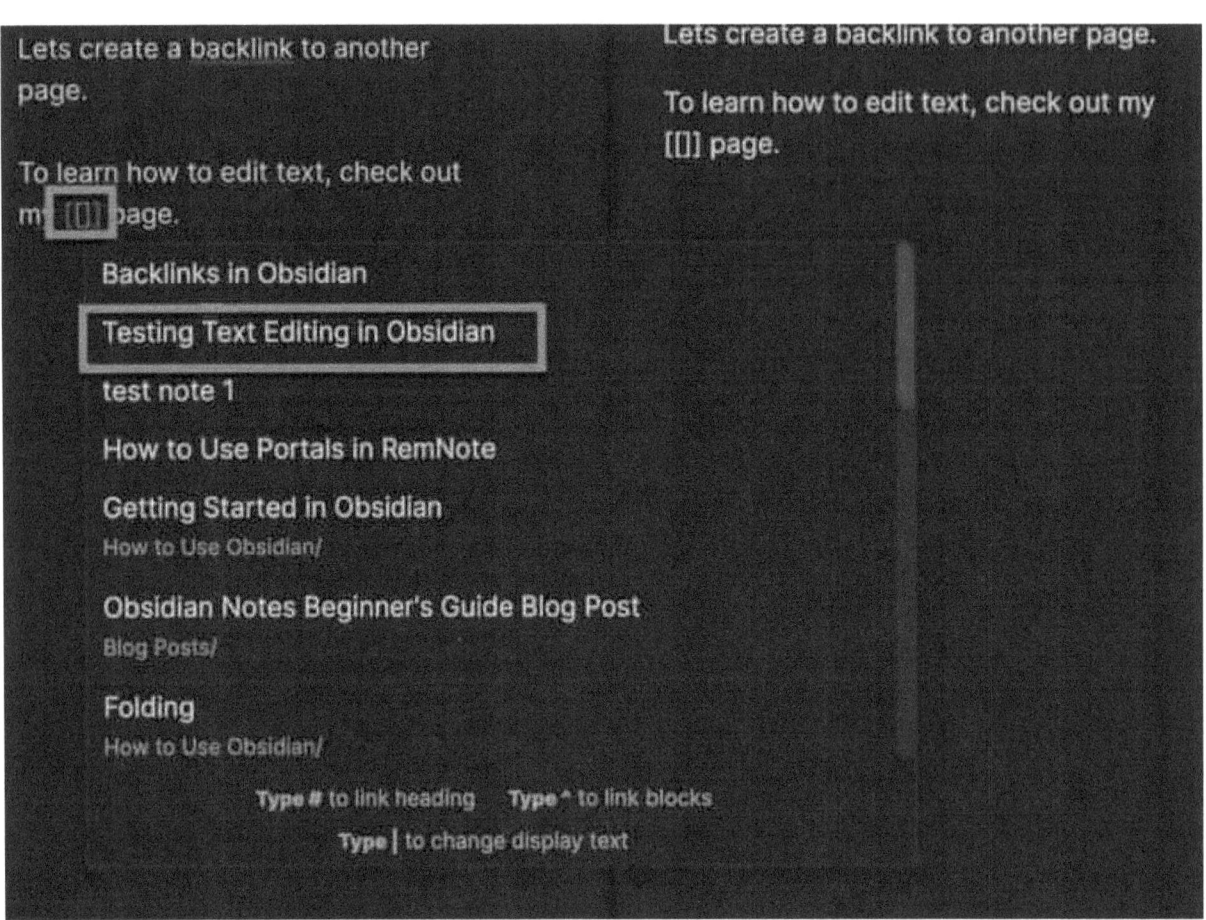

Paso 3: Tu backlink ya está creado

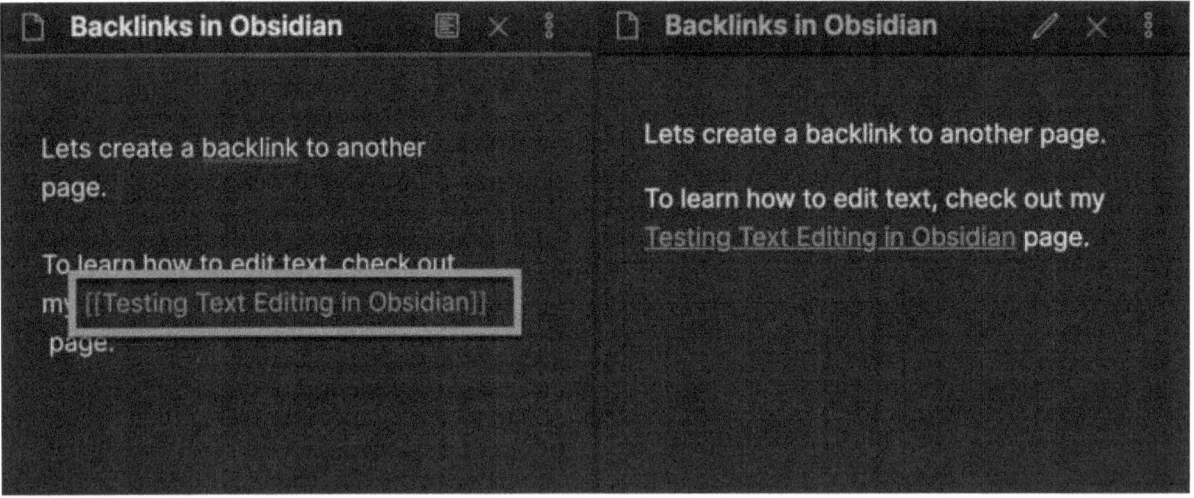

Pero, ¿y si quieres crear un enlace a una sección específica de otra nota? Obsidian también lo permite.

Etiquetas

También puedes utilizar etiquetas para organizar tus notas. Sin embargo, a diferencia de la mayoría de las soluciones para tomar notas, Obsidian adopta el enfoque de Twitter: puedes introducir tus etiquetas donde quieras.

Algunos prefieren insertar sus etiquetas separadas del "texto principal" en una sola línea. A otros les resulta más "orgánico" integrarlas en el texto.

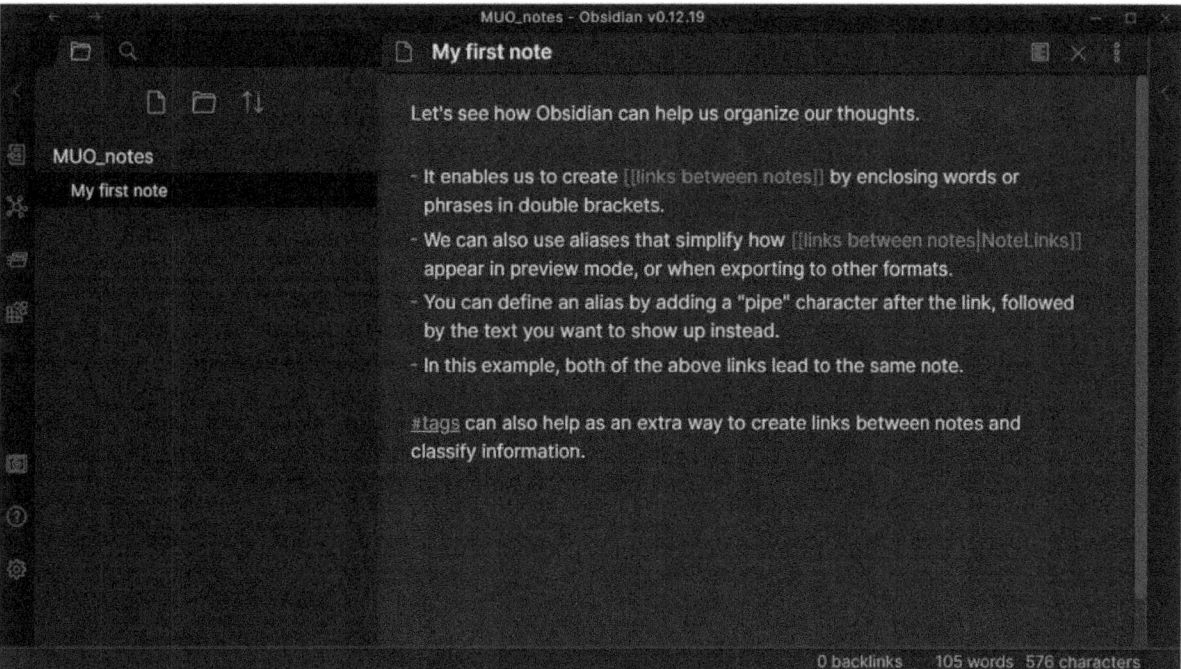

Por lo tanto, son válidos los dos planteamientos siguientes:

#muo #note #obsidian

Esta es mi primera #nota en #Obsidian, ¡gracias #muo!

Escanear documentos en Obsidian

Anteriormente hemos discutido la importación e incrustación de archivos, esta sección es acerca de cómo escanear documentos y utilizarlos en su aplicación Obsidian. Para este ejercicio, utilizaremos el Fujitsu ScanSnap S1300i. Este procedimiento es compatible con la mayoría de las aplicaciones de escaneo más recientes; sin embargo, le permite escanear directamente a una bóveda. Los procedimientos para activar el proceso se describen a continuación:

Paso 1: Personalizar la configuración

En primer lugar, debe personalizar la configuración de la aplicación para escanear la carpeta. Echa un vistazo a la captura de pantalla:

Paso 2: Guardar

Configura el escáner para que guarde directamente en la carpeta "_attachments". Esta carpeta debe haber sido creada en la bóveda de Obsidian.

A continuación, seleccione el formato para el nombre del archivo y elija el formato AAAAmmmddhmmss. El formato de cuadro de notas suele ser perfecto para anteponer nombres de notas. Si usted hace búsquedas de fecha con frecuencia o piensa que las búsquedas de fecha son la mejor manera de identificar su archivo RAW en Obsidian, entonces puede que tenga que ir por este camino.

Paso 3: Seleccionar opciones de archivo

Nota: El escáner establece automáticamente el formato de archivo en PDF, pero usted puede seleccionar una opción de archivo preferida en la sección Formato de archivo. Seleccione la lista Convertir a PDF con opción de búsqueda.

Actualmente Obsidian no admite la búsqueda en PDF, pero es posible que esta actualización llegue muy pronto, al menos como complemento de la comunidad, aunque no se incluya en la sección de complementos del núcleo.

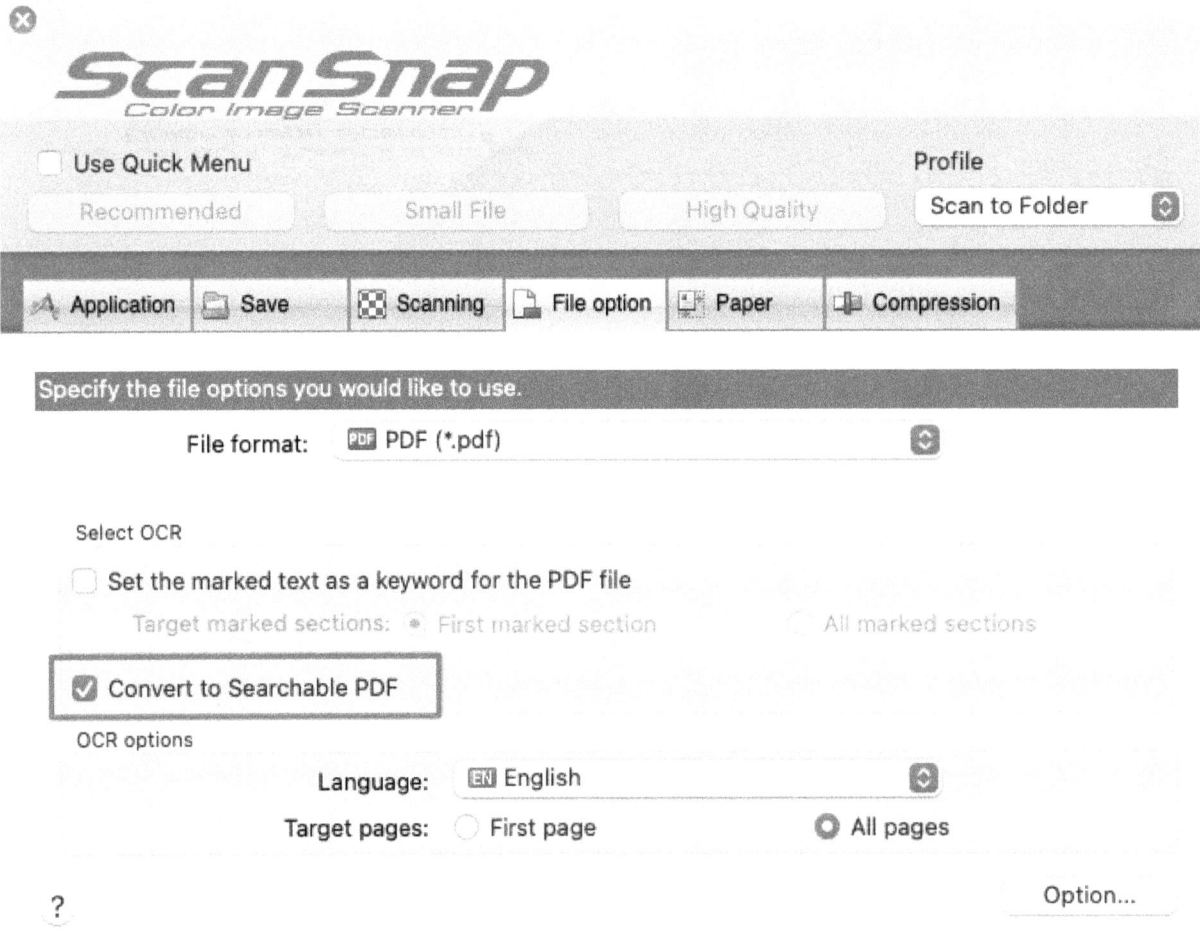

Una vez que hayas realizado estos ajustes, coloca el documento en el escáner y pulsa el botón azul de escanear para escanearlo en Obsidian. El archivo PDF se guarda automáticamente en la carpeta _attachments de my Vault una vez escaneado el documento.

Paso 4: Tomar notas en el archivo PDF

En este punto puedes:

Asigne al archivo PDF un nombre práctico que pueda encontrar fácilmente en la Bóveda.

Para "encerrar" el PDF, puede crear una nota estructurada en Obsidian. Esto le permite vincular la nota al archivo PDF utilizando los metadatos (etiquetas, etc.) de la nota. Esto facilita la referencia al documento con la nota preparada que contiene un enlace al archivo PDF incluido en la nota.

A continuación puede ver la tarjeta de vacunación Covid-19 de Jamie Todd. El archivo contiene una nota estructurada vinculada al archivo PDF escaneado. Sin embargo, la captura de pantalla muestra cómo se visualiza el archivo PDF tanto en el modo de vista previa como en el de

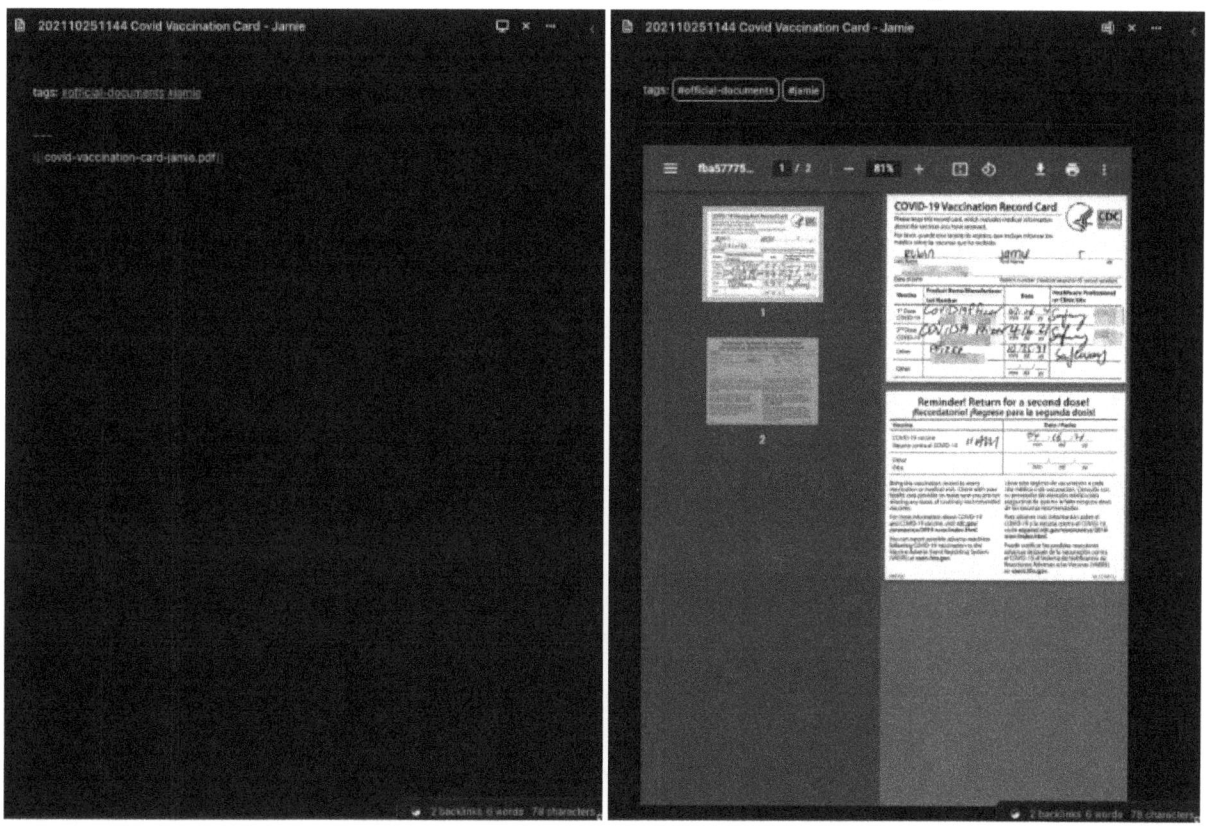

edición:

Incluir el papel escaneado en una nota estructurada puede parecer innecesario, pero de esta forma puede añadir etiquetas y otros componentes al documento que no podría añadir a un simple archivo PDF.

Cómo guardar tus ideas y notas en Obsidian

Cuando se trabaja con datos, la seguridad es un factor esencial que debe tenerse en cuenta. Por esta razón, trabajamos con un principio de piel de cebolla para asegurar sus archivos Obsidian. Sin embargo, todo pro tiene un contra; cada técnica por sí sola no es ideal. En conjunto, sin embargo, ofrecen un alto nivel de seguridad y comodidad, por lo que no tiene que preocuparse de nada.

Con esto en mente, expresaremos estas capas de seguridad de datos en Obsidian: Encriptación de Datos, Acceso Digital y Acceso Físico. El siguiente diagrama muestra un sistema de lo que el enfoque de la cebolla a la seguridad de datos parece. Sin embargo, queremos empezar con el acceso físico.

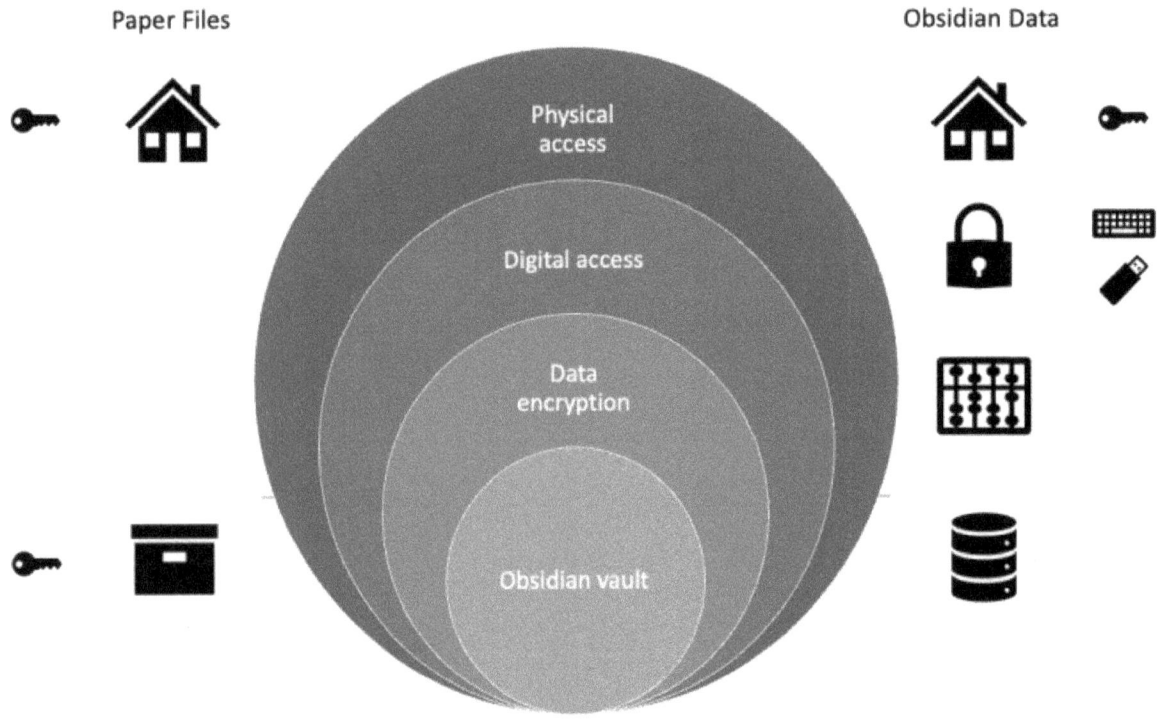

Asegurar el acceso físico de datos a Obsidian

Uno de los principales argumentos es que los datos en Obsidian se almacenan localmente por defecto. Esto significa que tienes todas tus notas perfectamente almacenadas en tu portátil, ordenador de sobremesa o teléfono móvil en tu oficina o en casa.

Si alguien necesita acceder a tu ordenador, también necesita acceder a tu oficina o teléfono; primero debe entrar en tu casa u oficina. Y sólo con tu permiso físico. El nivel de "acceso físico" en el gráfico anterior es para fines ilustrativos. La residencia de la derecha representa el acceso físico a sus datos de Obsidian.

El acceso físico a tus notas es actualmente el mismo en ambos casos. Para acceder a tu portátil o a tu teléfono, alguien tiene que acceder desde ti. De vez en cuando, sin embargo, se oyen argumentos en contra del almacenamiento digital de ciertos tipos de datos. Esto tiene mucho sentido. Cada uno tiene que decidir por sí mismo lo conveniente que le resulta. Sin embargo, los datos almacenados localmente son casi idénticos a una nota en un bloc de notas, ya que tienes el 100% del control sobre la seguridad (seguridad física).

Puede haber varios niveles de seguridad física en sí mismos.

1. Colocar una cerradura de difícil acceso en la puerta del despacho
2. Instale una buena cerradura para la puerta principal
3. Instale un sistema de alarma para mayor seguridad (todo ello para la información sensible).

Mucho antes de Obsidian, cuando la mayoría de los archivos todavía se almacenaban en papel y en un archivador, la mayoría de la gente no tenía que preocuparse por la seguridad de los datos. Esto hace que Obsidian sea una de las mejores opciones porque sus datos se almacenan localmente en su ordenador. Este enfoque ofrece casi el mismo nivel de seguridad que la versión física.

Garantizar el acceso de los datos digitales a Obsidian

Pero digamos que alguien podría pasar la barrera de seguridad física y sentarse delante de un ordenador o una unidad flash donde se almacena la bóveda. El acceso digital a sus datos Obsidian estaría protegido por la segunda capa de la cebolla, que ahora sigue en su lugar.

Para poder acceder a las notas de Obsidian, una persona tendría que ser capaz de iniciar sesión en la unidad flash con una contraseña que tenga acceso a la cámara acorazada. Esto significa esencialmente que se necesita una contraseña para iniciar sesión en un ordenador. Lo mejor es tener una contraseña distinta para cada cuenta. Una contraseña sólo puede utilizarse para acceder a un dispositivo o servicio específico. Para que la contraseña sea más fácil de recordar, puedes utilizar un gestor de contraseñas o simplemente probar con contraseñas largas con una combinación de números, caracteres y alfabetos.

Para nuestro ejercicio, supongamos que el intruso consigue descifrar la contraseña de su ordenador, que es complicada y única. ¿Qué ocurre entonces? El acceso digital puede constar de distintos componentes, al igual que el acceso físico (llaves, alarmas, etc.). Lo mejor es introducir la autenticación de dos factores, además de una contraseña fuerte de un solo uso. Se necesita más de una contraseña para acceder al ordenador. Es necesario utilizar el segundo tipo de verificación. La autenticación multifactor puede adoptar muchas formas, como la biométrica, las herramientas de autenticación, los mensajes de texto a otros dispositivos y los dispositivos completamente autónomos, como YubiKeys.

Realmente no merece la pena preocuparse por si alguien será capaz de saltarse la autenticación de dos factores, comprometer mi seguridad física y averiguar la contraseña. Imagina que guardas tus notas en papel y en un cuaderno, como se muestra en la ilustración de la izquierda. En esta situación, falta la capa de acceso digital de la cebolla de seguridad. Así que vamos a comparar lo que se necesita para recuperar sus notas en Obsidian en el caso y en papel:

Ubicación	Papel	Obsidian
Físico	1. acceso a la vivienda (llave, código de alarma, etc.) 2. entrada a la oficina 3. uso del cuaderno (¿clave?)	1. acceso a la vivienda (llave, código de alarma, etc.) 2. accesibilidad de la oficina
Digital	Ninguno	1. presta atención al sistema de contraseñas complejas. 2. acceder al método de autenticación de la copia de seguridad

Sería más fácil acceder a sus datos si estuvieran almacenados en papel en su lugar de trabajo y no en Obsidian, donde la Bóveda se almacena localmente en su ordenador.

Codificación de los datos

Supongamos que nuestro malvado enfadado decide simplemente llevarse mi ordenador después de infiltrarse con éxito en tu estación de trabajo, pero no consigue superar la protección digital del dispositivo para acceder a los datos del disco duro, posiblemente instalándolos en otro dispositivo. La situación empieza a sonar ridícula, pero ciñámonos al tema.

Puedes cifrar tu disco duro con FileVault. Si está disponible, se integra en MasOS, con una clave de 256 bits y cifrado AES de 128 bits. Hasta que se conceda la debida autorización, los datos del disco duro se cifran en reposo, tras lo cual se descifran. En este contexto, "autorización adecuada" se refiere al acceso requerido en el apartado 2. No hay forma realista de descifrar los datos sin una contraseña y una autenticación legítima por parte de otro autenticador. El ordenador sería inútil para quien lo poseyera hasta que borrara la unidad, en cuyo caso ya no tendría acceso a los datos.

Juntas, estas tres capas de cebolla forman un todo. Si consigues poner en marcha los tres procesos, es obvio que experimentarás un cierto nivel de comodidad mientras te centras en crear notas de calidad. Aunque existe la posibilidad de que se produzca una brecha, es tan improbable que no debes preocuparte.

Sincronización de notas y seguridad en la nube

Pero, ¿y si quiero acceder a mis notas en distintos dispositivos?

¿Es posible que alguien acceda a mis datos en la nube?

La mejor opción es sincronizar tus archivos y notas. Así podrás acceder cómodamente a ellos desde distintos dispositivos.

Para un rendimiento óptimo, lo mejor es utilizar el [servicio de sincronización que ofrece Obsidian](). Puedes configurar fácilmente un servicio de sincronización rápido y fiable y no tener que preocuparte nunca más.

Obsidian Sync tiene [dos modelos de cifrado]():

- Cifrado controlado
- Cifrado de extremo a extremo.

Lo mejor es utilizar el cifrado de extremo a extremo, ya que ofrece un anonimato perfecto. Para ello, los datos son encriptados antes de ser transportados hacia y desde el servicio de sincronización Obsidian, incluso si ya están encriptados en su disco duro. También se cifran en los servidores de Obsidian. La mejor parte es que usted tiene acceso a los datos. La contraseña de cifrado no la conoce nadie, ni siquiera los desarrolladores. La desventaja, sin embargo, es que usted no será capaz de acceder a la Bóveda en el Servicio de Sincronización Obsidian si olvida su contraseña.

Incluso si los datos se almacenan en Obsidian Sync, las tres capas de mi cebolla de seguridad se aplican. Necesitarías acceso físico al servidor donde se almacenan los datos. Necesitarías una contraseña para descifrar los datos del servidor y acceso digital a esos datos.

Cómo hacer una copia de seguridad de Obsidian en dispositivos móviles

Los dispositivos móviles son el más venerable de todos los puntos de acceso de seguridad, especialmente para la seguridad física, ya que son muy fáciles de perder. Puedes olvidarlos en un sitio o incluso te los pueden robar sin que te des cuenta.

Pero incluso entonces podemos utilizar los otros niveles. Para que alguien pueda acceder a los datos de tu teléfono, normalmente necesita acceso directo. Además, el acceso directo al disco duro es inútil porque los datos del iPhone están cifrados. Además, el teléfono está protegido de tal manera que después de un cierto número de intentos fallidos de acceso, los datos se borran, haciendo que el teléfono sea inútil para cualquiera que lo busque. Si pierdes el teléfono y está encendido y puedes establecer contacto con una red móvil, también puedes borrar los datos a distancia.

Consejos de seguridad adicionales

La protección de datos implica algo más que limitar el acceso ilegal. También garantiza que usted tenga acceso cuando lo necesite. A continuación encontrará algunas medidas adicionales para proteger su información importante (incluida la Bóveda Obsidian).

Pruebe una VPN

Es importante ser siempre consciente de la seguridad; no basta con suponer que nadie está mirando. Por eso, si navegas por una Wi-Fi privada o pública, asegúrate de utilizar una VPN si tienes información importante en tu teléfono para garantizar la privacidad. De esta forma, ya no tendrás que preocuparte de que alguien espíe tu red sin que tú lo sepas. Gracias al servicio VPN, los datos estarán protegidos de principio a fin en cuanto salgan de tu dispositivo.

Archivo de datos

Esto incluye hacer copias de seguridad de tus datos con frecuencia. No solo en tus dispositivos, sino también en la nube. Necesitas hacer continuamente copias de seguridad de tus datos en tus ordenadores. Timemachine podría ser una buena opción para almacenarlos en un disco duro externo y así poder restaurarlos rápidamente en caso de retrasos o errores.

Buenas prácticas

Al igual que las buenas prácticas son importantes para el éxito en el uso de cualquier sistema, también es importante poner en práctica algunas de las siguientes ideas si realmente quieres sacar el máximo partido a tu "**segundo cerebro**":

Grabar a menudo

Cuanto más alto es el sonido, más fácil resulta. Así que la clave del éxito al utilizar un Obsidian reside en el volumen. Las ideas no surgen de la nada. Esto significa que cuanto mayor sea el volumen y las conexiones de tus notas, más útil será tu Obsidian. Así que, para utilizar eficazmente el poder de tu segundo cerebro, es importante anotar tan a menudo como sea posible.

Revisión meticulosa

Busca "menciones no vinculadas". "Es posible que hayas mencionado inadvertidamente notas existentes que aún no has vinculado o explorado a medida que crece tu inventario de notas. Sin embargo, el algoritmo de Obsidian las categoriza como menciones no vinculadas. Puedes vigilar esto y asegurarte de no perderte ese momento "ajá" programando una búsqueda de "menciones no vinculadas". "

Active la función "Nota aleatoria" haciendo clic en el símbolo del dado de la barra de herramientas de la izquierda. Esto genera notas aleatorias. Esto le anima a pensar en conceptos olvidados hace tiempo y le inspira descubrimientos aleatorios.

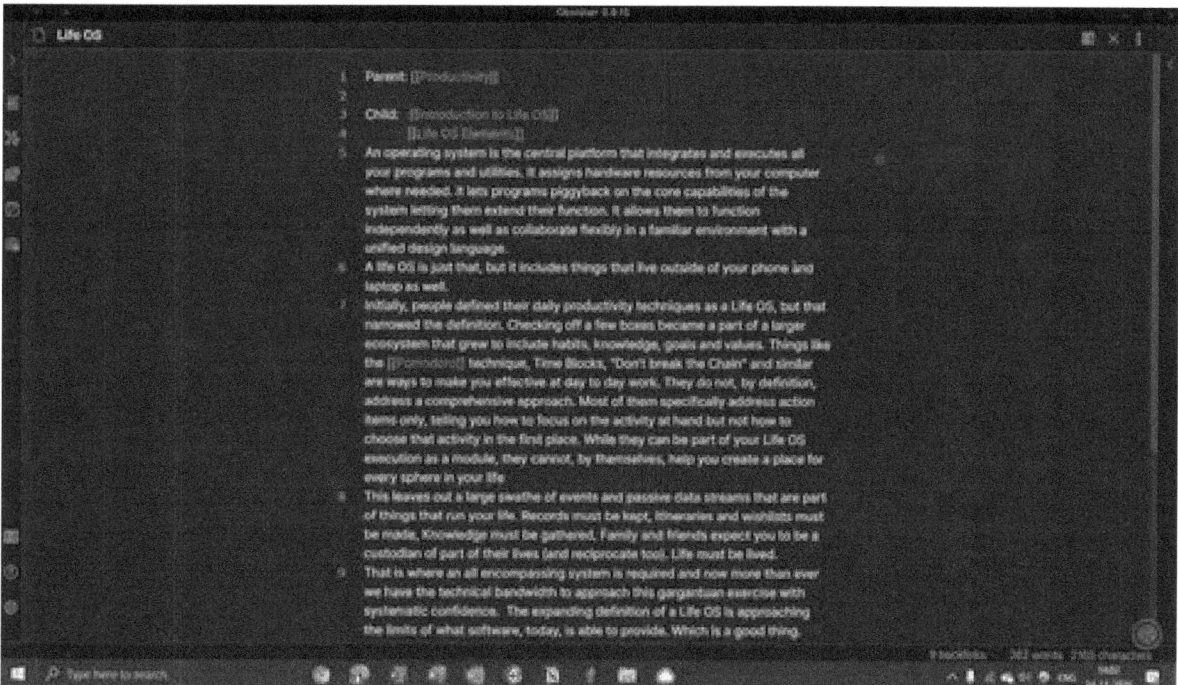

Conclusión

Comprender y utilizar el poder de la Obsidian es una parte esencial de esta obra, y está claro que es una herramienta asombrosa para crear una buena conexión entre las ideas al ponerlas en práctica.

Ahora que sabes lo que es Obsidian, puedes ver por qué quieres utilizarlo para crear tu biblioteca de ideas relacionadas, ya que ahora estás más familiarizado con la interfaz de usuario. También sabes cómo hacer tu primera nota y establecer tus primeros contactos.

Obsidian ya no es un misterio para ti. Ahora tienes todo lo que necesitas para gobernar el mundo hoy con tu segundo cerebro público, completamente gratis. Sólo te queda implementar estos procesos en tu día a día y estarás camino de la luna; todo depende de ti y de cómo sincronices tu rutina con la aplicación Obsidian para ayudarte en todo momento.

www.ingramcontent.com/pod-product-compliance
Lightning Source LLC
LaVergne TN
LVHW070215080526
838202LV00067B/6827